人類学者たちのフィールド教育

自己変容に向けた学びのデザイン

Field Education
from Anthropologists:
Learning Design toward SFL

箕曲在弘
二文字屋脩
小西公大
編

ナカニシヤ出版

はじめに

今，日本の教育に大きな変化の波が押しよせてきている。これまでの教育が，あまりにも特定の能力とスキルの涵養に限定されすぎていたために，グローバル化・IT 化などがひき起こす，急激な社会変容に対応できないことが明らかになってきたからだ。限定された知識の暗記や，正確に素早く正解を提示することを中心とした，数値化が可能な認知能力に過度に焦点が当てられた教育は現在，「生きた知識」「生きる力」「主体的で対話的な深い学び」などが叫ばれながら，知識同士が連関しあって総合的に世界を見通すことのできる，また具体的な世界との関わりで発揮することのできる対話力や個別の特性（＝コンピテンシー）を拡張させていく教育へと，大きく舵をとっている。つまり，日本の近代化の過程で構築されてきた教育の内容・方法論・制度が，根底から問い直されているのだ。

このような状況のなかで大きく取り上げられるようになってきたのが，1990 年代以降にアメリカを中心として世界に広がっていったアクティブ・ラーニングの考え方だ。学習内容を固定化せず，「自ら学びを生み出していく力」や，我々が生きている世界における「汎用的能力」を養っていくことこそを教育の根幹とするべきであり，座学中心ではなく多様な他者との関わりから経験を通じて学びを得る，まさに活動的（アクティブ）な知こそが肝要という発想がベースになっている。実際の社会課題に向き合って解決を導き出すために経験や学びを積み重ねていく「課題解決型学習 Problem/Project-Based Learning（以下 PBL）」の方法論も，このような潮流のなかで多くの教育機関に導入されはじめている。

学生・生徒をフィールドに連れて行きなさい，地域と連携しなさい，という圧力は年々強くなり，多くの教員や研究者たちは，経験のない PBL 型の教育を実践しなければならなくなっている。一方で文化人類学者は，これまでもプロジェクトを基盤とした研究やフィールドワークの方法論を構築してきたが，それを教育という文脈に落とし込むことに積極的ではなかった。本書は，世界や他者との関係のあり方や，そこからの学びのあり方に対する知的な蓄積を連綿と続けてきた人類学が，次世代教育という文脈でどのように力を発揮することができるか，その知的な探訪の数々を提示するものである。

本書が具体的に扱うのは，自身の生活圏からの離脱——人類学者の佐藤知久はこれを〈なじみ〉の切断と呼ぶ——を可能とするフィールドでの諸活動を通じて自己変容を達成するような学習のデザインである。言い換えれば，自在な変身を遂げていくような柔軟な生き方を達成するために必要な資質や能力を分析的・記述的に明らかにし，その学びに向けた方法論を模索していくことが本書の目的である。本書では，特にこれまで人類学がフィールドにおいて大切にしてきた三つの側面，すなわち「社会的文脈へのこだわり」「偶発性への眼差し」「自己省察」をそれぞれ明らかにしつつ，これらがどのような自己の内的な変容を導き出していくのかを最重要視する次世代教育，すなわち「自己変容型フィールド学習（Self-transformation-oriented Field Learning: SFL）」の可能性を提示していくことになる。

本書で提唱する「自己変容型フィールド学習（SFL）」とは，〈なじみ〉から切断された空間で実施される具体的な課題への取り組みを通して，自分が抱いていた「暗黙の前提」に気づき，自身の世界観を更新していくことを目指す学習のことである。たとえば，以下のようなものである。

・「獣害問題」に取り組むプロジェクトにおいて，人間に害をもたらす動物の駆除を目指したところ，ある学生が「どうして動物を駆除することを前提で話を進めているのか」と疑問を抱き，必ずしもそうする必要はないのではないかと考える。同時に，なぜ自分は駆除を前提としていたのかをふりかえる。
・文化的背景がまったく異なる少数民族の生活向上を目指すボランティア・プロジェクトに参加したが，現地の人たちからいっさい礼を言われなかった。たいへん異和感をもったが，それはいったいどうしてか。同時に，どうして礼を言われないと自分は不快に思ってしまうのかをふりかえる。

これらの例からもわかるように，プロジェクトのなかで解決すべき課題に直接かかわるかどうかはともかく，プロジェクトを遂行する過程でかかわる人びととの関係から，学生たちは素朴だが多様な異和感をもつ。こうした感覚を掬い上げて，それを梃子にして自分の暗黙の前提に気づいていく。ここにフィールド教育の可能性を見いだすのである。

＊＊＊

ところで，手塚治虫の漫画・アニメ作品である「ふしぎなメルモ」という作品をご存知だろうか。母親を失った少女が，天国の母からもらったミラクル・キャンディーを使って自在に変身し，さまざまな危機や困難を乗り越えていく物語である。時には大人になり，時には赤ん坊や動物になりながら，果敢に他者との理不尽な邂逅に解決法を見いだしながら，「真の大人」に向けて歩いていく，教育的な意図をもった作品だ。「メルモ」は，変身や変態を意味するメタモルフォーゼから取ったものとされる。

メルモちゃんを人類学的営為を実践する私たち，ミラクルキャンディーが巻き起こす現象をフィールドに，つまり私たちを翻弄し感覚や価値観を揺さぶり，それぞれの関心を拡散させながら自身の変容を迫る場に置きかえて考えてみよう。その「変容」は，街場の教育論にみられる一元的な「成長」や「発達」に還元されるものではなく，また失われた自明性の先に調和の取れた正解やゴールを見いだすことができないのと同様に，多方向的で開かれたものになるだろう。メルモちゃんの変身に一貫性がないのと同じだ。

では，なぜ変容を遂げなければならないのか。それは，我々の生きる社会が，不確実性に満ちているからである。グローバル化やICTの急激な進化・浸透，多文化化やモノ・空間の流動性の増加などにより，未来予測がますます困難となり，働き方や生き方，教え方や学び方までが自明なものではなくなってきている。そのようななか，変幻自在な主体として，その都度の困難に立ち向かい，多くの選択肢のなかから独自の解決法を見つけだし，一つずつハードルを越えていかなければならない生き方，つまり偶発性に対応しながら歩を進めていく柔軟さと強度が求められる時代が到来している。次々と訪れる困難に，正面からぶつかりながら，多様な変身を武器にして突破口を切り開いていく，メルモちゃんのような柔軟なコンピテンシー（能力・特性）の拡張をサポートしていくような学習デザインこそが，今求められているのだ。

こうした学びと成長に必要な能力をどのように身につければいいのか，という課題に関する議論のなかで，フィールドワークという手法の可能性が大きく取り上げられてきた。複雑な文脈に依存したリアリティのなかで，偶発性に翻弄されながら，かつ他者との相互関係における自身のあり方を鑑みながら，したたかに世界との対話を継続してくフィールドワークという営為。与えられた課題をこなすのではなく，森羅万象から自らの課題を引きだし，新たな解決法を導き出していくような変幻自在な感性を磨くために，フィールドワークという手法はこれまでになくその威力を発揮している。

ただし，（よく誤解されているように）ただフィールド（＝野）へ出ればいいというわけではない。「教育」「学習」という名が付けられている以上，現代社会に生きるメルモちゃんになるためには，それなりの教育実践のフォームと，それを支える理論が必要となる。本書では，フィールドワークの可能性とともに，フィールド教育のあり方をめぐる多様な議論が収録されている。もちろん，教育はマニュアルではないので，このように教育すれば正しいという話ではない。自己変容を引き起こす仕掛けを構築するための創意工夫のプロセスそのものが学習デザインなのである。そのためには，与えられたフィールドでどのような学びを学生・生徒とともに深化させていくのか，教員も変身していかなければならない。もしかしたら，一番メルモちゃんに近づかなければならないのは，教員なのかもしれない。本書はそのように学ぼうと歩きだしたさまざまな「先生方」に向けた人類学者からのエールである。

本書では，混濁の時代を生き抜くコンピテンシーを高めるためのフィールド教育の可能性を，多様な実践と論理を検証している。本書の執筆者陣は，前述の通り文化人類学的素養をもってフィールドワークを長年こなしてきた研究者である一方，その可能性を教育に生かそうと苦心し続けてきた人々によって構成されている。こうした積年の営為から，何かしらヒントを引き出していただけるのであれば，望外の喜びである。

編者を代表して
小西　公大

目　次

第II部　実践編

第Ⅰ部　理論編

第 1 章

フィールドから生まれる自己変容

箕曲 在弘・二文字屋 脩・小西 公大

アクティブ・ラーニングの導入が声高に叫ばれるなか，PBL（課題解決型学習／プロジェクト型学習）という学習方法が教育現場で普及しつつある。本書はこの流れのなかに文化人類学／社会人類学（以下，人類学）がこれまで強みとしてきた思考法を取り入れることで，自己変容型フィールド学習（Self-transformation-oriented Field Learning: SFL）という学習法と，それを可能とするフィールド教育を提案するものである。そこでまず本章では，人類学者として教育現場に関わる編者たちが，なぜSFLを発想するに至ったのか，またそれがどのような教育上の意義をもつものであるのかについて論じていく。

1　人類学とフィールドワーク

■ 1-1　マリノフスキー流のフィールドワーク

近年，「フィールドワーク」という言葉は，社会学や心理学，看護学，経営学，教育学といったさまざまな学問分野のなかで使われるようになり，多くの学生が高等教育のなかでフィールドワークの方法論を学ぶようになった。一方，医療現場や国際協力，環境保全，マーケティング，町おこし／村おこしをはじめ，初等教育や中等教育の総合学習の時間，NGO や NPO の活動のなかでもたびたび言及されるようになり，すでに市民権を得た言葉になったという印象さえある。

その背景には，今日私たちの生きるさまざまな領域において，現場に足を運び，現場を自分の目で見て一次資料を集めることの大切さに，多くの人びとが気づいているからだろう。しかし，「現場（フィールド）」が多様であるぶん，「フィールドワーク」という言葉の意味も多義的であり，そこに共通する要素を見出すことは難しい。学術的な方法論のひとつとして体系化された調査法を意味する場合はもちろんのこと，単に野外に足を運ぶということを意味する場合から，何らかの課題解決に向けた情報収集のために現場に赴くことを意味する場合まで，実に多様な広がりをもつ。

そのようななか，自然科学の野外調査や探検を別にすれば，フィールドワークを学問の中心的な方法として最初に取り入れたのが人類学である。そして人類学史のなかで必ずと言っていいほど触れられ，フィールドワークの祖として取り上げられるのが，ブロニスワフ・マリノフスキー（Bronisław Malinowski）である。

人類学者であれば誰もが知るマリノフスキーは，1910 年代にパプアニューギニアの東に位置するトロブリアンド諸島で四年にわたり調査を行った。現地の言葉を習得し，現地の人びとと生活し，そこで観察した日々の出来事をノートに記録して過ごした。そうして明らかにされたクラ交換という特異なモノのやりとりの仕組みは，その後の人類学の発展に大きく貢献した（マリノフスキー 2010）。

このマリノフスキー流のフィールドワークは，長らく人類学者の手本となってきた。とりわけ（1）現地（異境）での長期にわたる滞在（基本的には一から二年）（2）現地の言語の習得，（3）現地の人びととの信頼関係（ラポール）の形成，（4）現地社会の一員としての受容といった技術的条件は，およそ 100 年が経過した今日においても人類学を志す多くの大学院生が実践しており，さらにはこれを経験することが人類学者になるための一種の通過儀礼のようなものになっている。

確かに，グローバル化が進むなかで，人びとは絶えず移動しており，特定の場所にこだわることでは見えてこない現象があるといった批判や，異境を描くことがもつ問題（表象の政治性）が投げかけられ，人類学者が選ぶフィールドが様変わりしてきたことも事実である。しかしそのような批判に晒されながらも，マリノフスキー流のフィールドワークは現在でも依然として多くの人類学徒が実践する手法なのである。

■ 1-2　他者との邂逅と自己変容

こうした来歴をもつフィールドワークは今日，社会調査のひとつだと考えられがちである。調査テーマを決め，フィールドに赴き，データを収集し，データを持ち帰り，論文や民族誌（エスノグラフィー）を執筆して，その成果を公表する。ゆえにこの一連の過程のなかに置かれるフィールドワークは，現地の人びとの生活世界を参与観察し，人びとから話を聞いてフィールドノートを取ることであると理解されている。確かに，このような理解は間違いではない。だが，人類学者も人類学者である以前に生身の人間である。専門的な知識と方法論を事前に学んでからフィールドワークに臨んでいるとはいえ，それはそのままフィールドにおいて生活することを意味する。であればこそ，人類学者がフィールドワークを通して得る経験には，「社会調査」という枠から漏れ出てしまうものもたくさんある。

異なる生活環境に飛び込み，そのコミュニティのなかで生活した経験のある人類学者は，まずそのなかで適切なふるまいとはどういったものであるのか，試行錯誤しながら現地の「やり方」を習得しようとする。しかしこれまでに獲得してきた身体感覚に異和をきたすこともある。結果，不自然なふるまいや発話をして，人びとを困らせたり，人びとに怒られたり，諭されたりもする。何が間違いであるのか理解できず，悩み，心身に支障をきたすこともあるし，はたまた，相手の考え方や行動に理不尽さを覚え，腹立たしい思いをしたりもする。だがフィールドに身を置き続けていると，ふとした時に，なぜ彼らはそのようなふるまいをするのかを直感的に理解できるといったこともある――もちろん，その気づきでさえ，後になって覆されることも往々にしてあるのだが。また，何かを調べようとしていたところ，偶然のなりゆきで当初の想定とは異なる発見をし，そのことに戸惑いと興奮を覚えたりすることもある。

フィールドでは何が起きるかわからない。だが他者の生活世界に没入していくことでさまざまな異和感を抱き，その一つひとつをフィールドの文脈に即して理解していくことこそが，人類学を学ぶ者を「人類学者」にしていく。そしてその決定的な契機となるのがフィールドでの他者との邂逅であり，人類学徒は絶え間ない自己省察を繰り返すことで自己を変容させ，深い他者理解を得ていくのである。

ここで改めて人類学史に目を移すなら，今日の人類学がその形を成しはじめた頃から，他者との邂逅と自己省察を通した自己変容の志向を見いだすことができる。たとえば，「アメリカ文化人類学の父」と呼ばれるフランツ・ボアズは，のちに文化相対主義と呼ばれるようになった考え方を生み出した。文化相対主義が生まれた軌跡をひとつに特定することはできないものの，進化主義が一世を風靡していたなかで，北米先住民のイヌイットとともに生活したボアズ自身の経験がひとつのきっかけになっていると言われている（太田 2005: 39–65）。この経験から彼は，文化を一定方向に進化するものではなく，それぞれ固有の価値を有するものとして捉えるようになった。イヌイットとの直接的な交流が，当時支配的であった進化主義を再考する契機を彼に与えたのである。

深い人間理解を目指してきた人類学において重視されるのは，私たちの価値や思考そのものが，他者が生きる場であるフィールドにおいて瓦解していくプロセスそのものであり，フィールドワークの醍醐味がここにある。逆にこのような醍醐味があるからこそ，私たちは今でもフィールドに自ら行き，一見すると社会の役に立ちそうもない人類学を実践しているといえるかもしれない。

では，編者たちはそれぞれにどのような他者に出会ってきたのだろうか。ほんの一部ではあるが，それぞれのフィールド経験を簡単に紹介することで，編者たちがなぜ SFL とそれを可能とするフィールド教育を発想するに至ったのかについて触れておこう。

2 フィールドワークを通した自己変容の経験

■ 2-1 フェアトレードをめぐる異和感（箕曲の場合）

フェアトレードの経済的・社会的影響について明らかにしようと，ラオス南部のコーヒー生産地でフィールドワークを行った箕曲は，日本語の通じる者が誰もいないなか，習いたての片言のラオス語を使って，コーヒー生産者たちとともに生活することとなった。フィールドワークの過程で得た最初の異和感は，彼らが「金がない。貧乏だ」と繰り返し述べるにもかかわらず，買取価格が高いフェアトレード団体にコーヒーを売ろうとしていない農家の態度であった。あまり勤勉に働かず，わざわざ買取価格の低い仲買人に大量のコーヒーを売っている家族が想像以上に多いことがわかり，この矛盾をどう理解したらよいのかわからず途方に暮れていた。

フェアトレード団体に売らない理由を多くの農家に聞いていくと，「団体の支払いの時期まで待てない」と言うのである。待てないといっても，1 か月程度待てばよいだけである。それもできないのかと彼らのお金のやりくりを調べたり，仲買人と農家の取引の仕組みを調べたりしていくと，私自身の関心もフェアトレードそのものとは異なる方向へと変化していった。

こうして数か月のあいだ多方面から話を聞き取っていったり，彼らの日常生活を観察していったりするうちに，仲買人が農家の生活パターンに柔軟に合わせたコーヒーの買い取りの仕組みを構築していたり，農家がリスク回避のために想像以上に多様な資源獲得／収入源確保の手法を生み出したりすることがわかったのである（箕曲 2014）。そして，このような仕組みや手法は，場所や時代は異なるけれども，類似の事例が先行研究のなかにも見いだせることがのちにわかった。

とりわけ，この時に参考になったのは，東南アジア大陸部の農民研究の大家であるジェームズ・スコットが論じたパトロン＝クライアント関係である。これは，親分―子分関係と訳されることもある通り，子分であるクライアントが親分であるパトロンを平時には支持し，労働を通してパトロンに仕えるものの，クライアントが困窮するような緊急時にはパトロンが寛大な支援をするという相互扶助関係である。

箕曲は，フィールドワークの過程でこの仲買人とコーヒー農家は，実はパトロンとクライアントの関係になっていることに気づいた。また，零細農家は一般的に気候の変化や市場価格の変化に対応するために，栽培する作物を多様化する傾向があることが知られている。箕曲が見てきたラオスのコーヒー生産者の場合，このような作物の多様化だけでなく，売り先も多様化させて，一か所に依存することに由来するリスクに対処しているのだとわかってきた。

この気づきは，そもそも「フェア」とは何なのか，貧困とは何かを再考することにつながった。また一見，搾取の象徴とみなされがちな仲買人の捉え方を変えていく必要があるという思いをもつようにもなった。そもそも，スコットはこのパトロン＝クライアント関係を論じるなかで，「搾取」という概念さえ地域の社会的文脈のなかに依存しており，つねにパトロンがクライアントを搾取しているわけではないということを主張していた（スコット 1999: 36）。同様に，フェアや貧困という概念も，私たちが想定するものを現地の人々が同じように捉えることはないし，フェアトレード団体が提供する「公正さ（フェア）」の観念は，現地の人にとって必ずしも「フェア」ではないということもわかってきたのである。

■ 2-2　不思議な距離感（二文字屋の場合）

「狩猟採集民」という，自分自身の人間理解からもっとも遠くにある人びとに漠然とした興味を抱いてフィールドに入った二文字屋は，さまざまな少数民族が暮らすタイ北部で唯一，狩猟採集を生業としてきたムラブリを対象に，二年間の長期フィールドワークを行った。

長らく狩猟採集をベースとした森での遊動生活を送ってきたムラブリだが，すでに政府主導の開発により大きな社会変容を経験していた。しかし「森の人」としての生き方はそう簡単に消え去るものではない。ムラブリの言葉を学びながら，過去との連続性のなかで現在を捉えつつ，彼らの生活世界に肉薄することで内在的理解を得ようと意気込みフィールドに入った。しかし彼らについて何か理解できたという感覚は皆無に近かった。彼らは多くを語らないばかりか，何かを聞き出そうにも，

「さぁな」とはぐらかしたり，「××じゃないか，いや，○○じゃないか」といった曖昧な返答しかしなかったからである。

二文字屋がとくに頭を悩ませたのが，「××次第だ」という言葉だった。たとえば「わたしはどのように振る舞うべきか」「どのように対処すべきか」と尋ねると，彼らは一様に「お前次第だ」と答え，またあまり歓迎されない第三者の行為について意見を仰いでも，「彼次第だ」と言ってそれ以上のことを話さなかった。「ムラブリならこうするべきだ」といった強い主張はほとんどなく，フィールドノートは取り留めのない文章で埋まっていった。

最初は「仕方のないことだ」と自分に言い聞かせていた。自分たちを「ムラ」（人間の意）と呼び，よそ者を「クウォール」（サルの意）と呼んで自他を明確に区別する彼らにとって，勝手に村に住みついた日本人はサル以上の存在ではなかったからである。だがフィールドに入って半年もすると，擬制的家族ができ，社会成員にのみ平等に配られる豚肉を分けてもらえるようになった。「サル」を卒業し，「人間」に昇格する日がついにやってきたのである。しかし「受け入れられた」という実感をようやく得ることができても，状況が大きく変わることはなかった。隣にいても警戒心がないというだけで，閉ざされていた口が突然開いたわけではない。

一度はフィールドワークを中止しようかとまで思い悩んだが，ふとした時に直感的洞察を得ることとなった。ムラブリと生活世界を共有することを通して，彼らの基本的な態度が「自由」という観念と分かち難く結びついていることが少しずつ理解できるようになっていったからである。たとえばあるムラブリ男性は，ムラブリにとっての自由を，「一人で考え，一人で行動することだ」と表現する。これは狩猟採集民の社会原理とされる「個人の自律性」のムラブリ流の表現だが，彼らは個人の意思決定を何よりも尊重し，誰かの意思決定に介入しないよう細心の注意を払う。

もちろん，親族や友人との関係が意思決定に影響を及ぼすことは常である。対面的な状況で直接的な関係を取り結んでいるからこそ，他者への干渉はある意味で必然性を伴う。しかしそうであるからこそ，「一人で考え，一人で行動する」ことを理念として共有し，他者への過度な干渉を避けようと，多くを語らなかったり，曖昧にしたりする。常に解釈の余地を残しながら他者とのあいだに一定の距離を保とうとするのである。一見すると冷淡にもみえる態度だが，そのような態度が「近すぎず，遠すぎず」としか表現しようない，不思議な距離感を生み出している。そして，これを「不思議」とよりニュートラルに捉え，それを「自由」をめぐる人びとの価値観から理解できるようになったのは，フィールドに身を置いて悩みつつもフィールドに向きあい続けたからであった。

■ 2-3　自己が解体されていくとき（小西の場合）

インドにおける少数民族（現地では指定トライブ Scheduled Tribe として認定されている人々）の社会開発の可能性を考えるために，小西はインドの北西部タール沙漠という巨大な乾燥エリアに足を踏み入れた。ジャイサルメールという沙漠のオアシス都市で出会った若者に連れられて初めて入った不毛の大地は，あまりにも生命力のない「死の世界」として映った。電気，ガス，水道など，これまで当たり前に享受してきたインフラが存在せず，乾燥した大地にまばらに生えるアカシア科の樹木以外は視界を遮ることのない世界での生活は，これまでに経験したことのない，想像をはるかに超えるものだった。

こうした物理的環境への驚嘆とともに，そこで生き続ける人々が作り出す社会関係のネットワークや生存戦略にも驚かされることが多かった。広く「カースト社会」が典型例として語られてきた，インド世界に関するこれまでの研究の蓄積を安易に適用することが困難な状況であり，そうした「カースト的」なる社会の周縁部で，トライブと呼ばれる人々は独自の社会形態を構成していた。いわゆる多様なカースト集団が寄せ集まって形成する集村形態（*gaon*）ではなく，親族ネットワークや儀礼的関係を結んだ他の集団との関係の糸が，切れることのないギリギリの状況を保ちながら，また緩やかな移動性を伴いながら，沙漠エリアに拡散的に居住している彼らの生活。点と点を結ぶ線が，強固になったり弱くなったり，広がったり狭まったりするノード的な動態に，興味が大きく振れることになった。

だだっ広い大地に散らばって生活している彼らの生存戦略は，ラクダや牛，ヤギを伴いながら行う「行き交い」であり，まるで孤立しているかのような泥作りの家屋であったとしても，ひっきりなしに（大抵の場合遠方から）多様な属性をもつ人々がやってくる。お迎えのチャイ，食事の提供，密造酒を供う終わることのない夜宴。「顔見せ」と「もてなし／もてなされ」の力学が，彼らの最も重要な資源を生み出し，生きていくためのツールとなっていた。

一方で，インドにおける「開発」の理論は，主として集村を中心とする集約的なものに限定され，散らばった居住形態を基盤とするネットワーク社会に適用することはできないものだった。いや，そもそも「開発」というトップダウン的な営為を安易に口にすることができないほどに，彼らの関係性が生み出す複雑で流動的な生存戦略は「機能していた」のである。結果的に調査の主目的は失われ，小西は彼らの構成する柔軟で強かな社会の動態へと研究の関心をずらしていった。

その後，調査者としての「自分＝セルフ」も解体されることになっていく。現地におけるネットワークに自身が組み込まれるなか（最初にフィールドのベースとして設定した家屋の「長男」として明確に位置づけられていった），その社会における役割を強固に押しつけられることとなり，同社会の「内部者」として引きずり込まれることになった。金銭や物品の授受関係，親族的な使役関係，共食関係，儀礼関係，助け／助けられるという互助関係など，あらゆる関係の網の目に取り込まれ，透明な観察者でいられなくなったのは，調査に入ってからいくばくも経っていない時期だった。急逝した人間の葬儀，婚姻儀礼，病気などの問題が起きたときの対処から，中古トラクターの購入，村落協議会における選挙活動など，あらゆる機会に引っ張り回され，特定の役割を担うことになっていった。

彼らは，なんとか生きながらえていくための生存戦略には長けているものの，基本的に極貧の状況にある。彼らの生活世界は，市場原理が急激に浸透していくなかで，多くの問題を山積させていた。これらに具体的に立ち向かうとき，自身の力のなさ，発想や戦略のなさ，技術のなさに嫌気がさし，ここ（フィールド）で生活するということの意味を問い続ける日々だった。これが，「開発」の可能性を見出そうとしてきた一人の日本人の末路である。目の前にいる人々の救いを求める声にすら対応できない人間が，「トライブ開発」の研究者であるということのもつ欺瞞さに悩まされ続けた。日本で安全で便利なモノに溢れた生活に慣れ親しんできた人間にとって，自身のあり方そのものが根底から揺さぶられ，解体されていく体験だった。

3　三つのコンピテンシーと自己変容

編者三人はそれぞれに異なる興味関心をもって異なるフィールドへと赴いたが，不思議とそこにはいくつかの共通点を見出すことができる。それをここでは以下の三つにまとめてみよう。つまり，①共有する概念をフィールドの社会的文脈に埋め込んで理解すること，②フィールドの偶発性に巻き込まれながらさまざまな気づきを得ること，そして③自己省察を通して既存の世界観を相対化すること，である。いわゆるマリノフスキー型のフィールドワークを行ったことのある者は，多かれ少なかれ，同じような経験を通して深い他者理解へと歩みを進めてきたように思われる。そして本書が提案するSFLとは，まさにこの三つのコンピテンシー（能力）を可能にする学習法である。ではこれらは具体的にどのようなコンピテンシーなのか。

そしてそれらはどのように相互に関係しているのかを見ておこう。

■ 3-1　社会的文脈に埋め込む

「社会的文脈」という表現は日常的にも使われているが，厳密に定義しようとするとその難しさがよくわかる。論者によっては「脈略」と訳されることもあるコンテクスト（文脈）とは，そもそも文の意味を規定するのに作用する，その文の前後の単語や語句の総体を指す。文章の意味がそれ単体では何を指すかがよくわからない場合，文脈を理解することによって特定の意味づけに絞りこむことができる。

こうした文章の前後関係のつながりを意味する文脈という概念を，比喩的に社会現象にまで押し広げていくと「社会的文脈」という表現になる。特定の現象に注目した際，その現象の背景にあって，その現象に何らかの関係がありそうなものが，その現象に対する社会的文脈である。これを人類学のなかで有名なポトラッチを例に説明してみよう。

ポトラッチとは，北米先住民の諸社会のなかで行われている競合的な饗宴のことである。ホストとなる者は，銅製の皿や毛布などあらゆる所有物をゲストとなった多くの者たちに贈り物として差し出す。受け取った者たちは，その後，相応の返礼をする饗宴を開催し，お互いが招待合戦を繰り広げるのである。これを西洋人は「浪費の饗宴」と非難し，一時期，カナダ政府はポトラッチを禁止した。

このような，一見すると奇妙な現象は，どういう理屈のもとで成り立っているのか。彼らによれば，「部族内の政治的序列は富を基盤としており，富は霊（spirit）による加護の証明」だという（ヘンドリー 2017: 59）。このような富に対する価値観が背景にあることで，ポトラッチが彼らの社会のなかで正当化されている。この例からわかるのは，ポトラッチという奇妙にみえる現象の背景にある社会的文脈には，彼らの富に対する特定の考え方があるということである。

このような例は，枚挙にいとまがない。人類学者は，このようにある特定の現象や行為，考え方の背景にある，別の現象や行為，考え方を見出し，それらがどのように関係しているのかを明らかにしてきた。特定の現象を単体で取り出し，その是非を問うことは慎まれており，可能な限り当該社会のさまざまな要素のなかに位置づけて理解しようとする。

もっとも，対象としている現象の社会的文脈をあらかじめ規定することはできない。さらに，その文脈は見いだされるものであって，誰にとっても客観的にわかる形で存在しているわけではない。しかし，ある事象に何がどう作用しているのかを発見していき，聞き取りや観察をもとにデータを積み上げていくことで，その関連性の確からしさを論証していくことに，人類学の研究の面白さがあるといえる。

前節の編者三名のフィールドワークの経験からも，各々が探求している現象に対する，社会的文脈の探求に力が注がれていることがわかるだろう。しかしこうした思考法は社会調査をするだけで自然と身につくものではない。むしろ，このような人類学の強みである思考法のひとつを，フィールドにおいて学生たちに学んでもらう方法論を考えていく必要がある。

■ 3-2　偶発性に身を委ねる

偶発性とは，思いもよらなかった事象であり，世界との対話の過程で生じる想定外の事態を指す。前述の社会的文脈とは，複雑な現象の背景にある思考様式や，人間の言動をある程度規定する構造のようなものを看取するための，探究の筋道のことである。一方で，人間はそれぞれ生まれ育った世界における文脈を保持しながら，世界を理解したり行動したりするが，生育環境が異なった人との間で，同じ文脈を共有していないという状況が起きる。私たちがフィールドに入るというのは，文脈が異なる人々の世界へと足を踏み入れることであり，当然想定外の出来事に溢れた経験を重ねることが前提となってくる。

しかし，現代社会に生きる私たちの感性は，この想定外の事態をうまく排除しながら，共感できたり，自身の枠組みでの理解が可能な部分だけを切り取りながら，他者を消費することにのみ長けてきている部分がある。突発的な出来事や想定外の出来事は「外部性」として負の意味を負わされ，それが起きないようにリスクマネージメントが行われるような社会である。この発想法は，これまでの社会のあり方，自身の認識のあり方，他者との関係のあり方を保持し，変化を恐れ，創造性を欠如させるものに他ならない。突如として現れた「理解できない」「どう対処したらいいかわからない」出来事が起きたときにこそ，私たちは自身が引き受けてきた文脈を相対化し（客観視することができるようになり），新たなものの見方や，自己／他者を理解するための論理を更新することができる。したがって，偶然ぶつかってしまったわけのわからない出来事は，排除されるべきものではなく，まさに自己変容にむけた最高の機会となるのである。

もう一つ，本書で偶然性の重要さを訴えるのは，それが「異世界」であれ自身が生まれ育った環境であれ，私たちの生活には偶然性が満ち溢れているということに着目する必要があるからだ。社会的文脈は，ある程度私たちの世界認識や行動様式を規定するが，人間はそのよう文脈や構造に沿って機械的に生きているわけではない。私たちの日常におけるさまざまな選択は，「その都度」の状況に従って柔軟になされている。状況に左右される「アドリブ」で構成されているのである（竹川 2017: 126–128）。

フィールドは，まさに新たな状況が不可解さをもって溢れでてくる世界である。そこには，例外や論理の逸脱，場面によって変転する人々の意識や，出会った他者ごとに繰り広げられる多様な情報開示と秘匿の力学が渦巻いている。事前に現地での歴史的背景や現代における社会状況，彼らの世界観をしっかりと勉強し，満を辞してフィールドに分け入ったとしても，実際のところは「わからなさ」が一挙に押し寄せてくる，アドリブに満ちた世界であることを肝に銘じておきたい。

私たちが生きる生活空間は，そもそも自然界の法則ほどに明確な因果律によって構成されているわけではない。そうした入り組んで絡み合った現象を解きほぐしたり，全体像を把握しようとしたり，細部にこだわったりしながら，私たちの世界認識は再構成されていく。それまでに構築してきた認識の幅が，新たな状況的対話のなかで拡張され，不測の事態に対応しようとする意思や発想力を培っていくことにつながる。これこそが学びの本質であり，人間が不透明な社会を生き抜いていくための特性＝コンピテンシーを向上させていく。制度・ルールによる行動のマニュアル化が強く押し進められる社会に生きる私たちが，ますます不確実性を増大させる世界で生きていくためには，偶発性に溢れたフィールドで臨機応変に立ち回る力，柔軟にアドリブを効かせることができる力が極めて重要であることは強調しすぎてもしすぎることはないだろう。

■ 3-3　自己を省察する

「省察」というと，デカルトの著作を思い起こす人が多いのではないだろうか。今でも哲学の分野で散見される言葉であるが，普段の生活ではあまり馴染みのない言葉の一つである。より一般的な言葉である「反省」もまた英語では reflection と訳せることから，一見すると両者に大きな違いがないように思えるが，自己否定の側面が強調される反省とは異なり，省察とはあくまで「自分自身を省みながら思索すること」であり，とくに「思索する」という点において省察は，自分自身に向き合いつつも，未来に拓かれた行為だといえよう。そして文化相対主義を基本的態度とする人類学は，まさに自己を省察することによって成り立ってきた。

「相対」とは「絶対」の対義語であり，「他との関係に基づいて成立ないし存在すること」である。人類学の歴史を紐解けば，そこには「他者（非西洋）は自己（西洋）よりも劣る」という認識の準拠枠であった自文化中心主義に異を唱え，文化の優劣や是非を判断する絶対的な基準などないとする文化相対主義を打ち出すことで，根拠なき差別や偏見を廃し，自己とは文化的に異なる他者を理解しようとする積年の試みがみてとれる。他者を通した自己の相対化，言うなれば他者がもつ知の枠組みから近代的知の枠組みを相対化することが人類学では目指されてきた。

ここで重要なのは，文化相対主義という考え方が，フィールドワークを通した他者理解と自己省察から生まれたという点である。文化相対主義という考え方は，フランツ・ボアズから始まったとされる。フィールドに行かずに自室に閉じこもって異文化について考える「安楽椅子の人類学者」による研究手法が一般的ななかで，ボアズはフィールドワークを行い，さまざまな他者に出会った。そしてこの経験が文化相対主義の原型となったのは，具体的な他者との出会いを通した自己省察があったからである。

他者は自己の鏡像としてその姿を立ち現す。その意味で他者に出会い他者について考えることは，自己について考えることと同義である。概して自己省察とは，他者との邂逅を介した，「自己とは何か」を改めて問おうとする心的かつ知的な運動と言えるだろう。そしてこれが自己変容を引き起こす起爆剤となる。社会的文脈に基づきながら他者を理解し，時に偶然性に巻き込まれながら他者の世界へと身を沈め，既存の認識枠組みを自己省察することで，その経験は知識としてではなく知恵として身体化され，自己変容へとつながっていくからである。

とはいえ，自己省察にはある程度の代償を伴う。一種の自己破壊でもあるからである。しかし自己という殻に閉じこもって世界を特定の場所から見渡していては何も変わらない。異なる価値観との身体的な接触を通してこれまで培ってきた世界観が大きく揺さぶられなければ，自己変容へと至る自己省察は生じない。そのためにも，フィールド教育においては破壊ではなく変容に向かうための方法論を考える必要がある。

■ 3-4　三つのコンピテンシーと自己変容

人類学者を人類学者たらしめている，フィールドワークで培われてきたこれら三つのコンピテンシーは，個別に独立した能力であり，普段の研究活動で意識的に結びつけているわけでは必ずしもない。とはいえこれらは互いに関連し合い，互いを深め合っていく関係性をもつ。フィールドで見聞きする事象を当該社会の社会的文

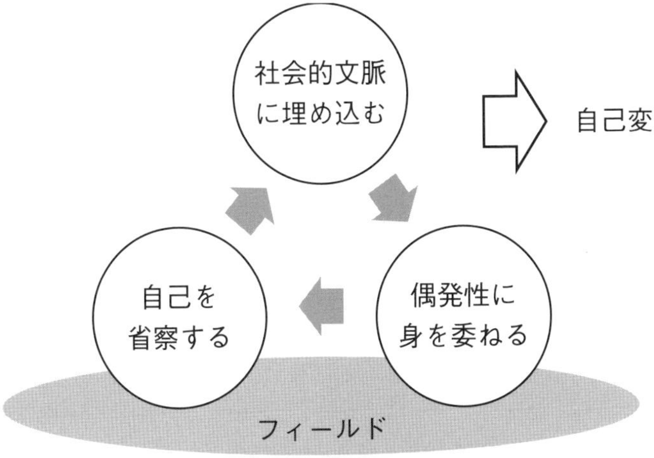

図 1-1　自己変容型フィールド学習の仕組み

脈に埋め込みながら探求していくなかで，さまざまな関係性に絡めとられながら予期せぬ出来事に遭遇することで，さまざまな異和感を抱き，「なぜ彼らは私たちと違ってこういう行動をするのか」と自己を省察し，さらなる社会的文脈の探求を促進する新たな問いが生まれる。三つのコンピテンシーは，このように相互に影響しあい，互いを深めながら，新しい知の生産に寄与するのである。

しかしこれは研究活動に限ったことではない。教育活動においても，フィールドに応じた場づくりや学習課題に応じたファシリテーションをデザインしていくことで，学生であっても類似したコンピテンシーを獲得することが可能である。だが教育活動において，とくに SFL に向けたフィールド教育において目指されるのは，新しい知の生産ではなく，自己変容（self-transformation）なのである（図 1-1）。

4　〈なじみ〉からの切断を通した異和感の醸成

人類学者の佐藤知久は，人類学者にとってフィールドとは「〈なじみ〉の切断から広がる地平」であり，こうした地平においてこそ，人は哲学的思考を活性化させると指摘する（佐藤 2015: 36–38）。ここでいう哲学的思考とは，「自分が当たり前だと思っていて普段は意識していなかった「初期設定」に気づかされること」だという（佐藤 2015: 31–32）。本書が主唱する自己変容とは，まさに佐藤のいう哲学的思考の帰結に他ならない。〈なじみ〉の切断から広がる地平に身をおくことこそ，自己変容の基本的条件となる。

〈なじみ〉とは慣れ親しんだ日常の空間である。そこから切断されるということは，いわばマリノフスキーのように異境において生活することを意味する。とはいえ，これは必ずしも物理的な距離の遠さや「海外」を意味するのではない。学習者が慣れ親しんだ環境からの離脱こそが，〈なじみ〉の切断となる。

都会のビジネスマンの家庭に生まれ育った人にとっては，同じ国内であっても農村で生活することは，〈なじみ〉からの切断になる。また，同じ都会であっても，ふだんの人間関係から切り離されて，まったく異なる人びとと関係を築き生活することもまた，〈なじみ〉からの切断になる。つまり，この〈なじみ〉からの切断とは，同じ場所であっても，切断される人もいればそうでない人もいるという意味で，相対的なものである。もっとも，その程度はグラデーションのようになっており，多くの者にとって，アフリカの牧畜民や南米の狩猟採集民のもとで生活するとなれば，生活環境の大きな違いもあいまって，極端な切断を経験するだろう。

いずれにせよ，こうした〈なじみ〉からの切断の経験は，身体に異和をもたらす経験となる。たとえば，ラオスの農村において水浴びをすること，タイの少数民族のもとで動物を屠ること，日本の農村社会の民家で風呂を借りることなど，これらすべてが自らのふるまいのぎこちなさを生み出し，その経験が身体に刻印されていく。そしてこうしたぎこちなさの経験をふりかえることで，自分たちの暗黙の前提を突き崩す何らかの言葉が生みだされていく。

＊＊＊

私たちはこれまで「異和感」という表現をあえて使ってきた。一般的には「異」ではなく「違」と表記するが，人類学者の山口昌男はかつてこの微妙な違いについて興味深いことを述べている。彼によれば，「違」は「同質のものの間の微妙なちがい」があり，「異」は「内と外の間にあるような帰属のちがい」だという（山口 2000: iv–v）。編者たちが強調したいのも，「異」のなかに含まれる質の異なる外部性である。自分たちの調和に揺さぶりをかける他者との出会いこそが「異和感」を生むのである。

自己変容を志向する学習とは，自分のふだんの生活圏から離れ，慣れない場所で一定期間を過ごすことによって得られる気づきである。もっとも，この気づきは長期間にわたって言語も習慣も異なる状況のなかに身を置くことによって少しずつ得ていくものである。多くの場合，意識しなければそのまま忘れ去ってしまうものだろう。しかしこの気づきこそが，自分のものの見方を更新し，同じ対象に対しても複数の理解や解釈の仕方があることを理解する契機となる。これは批判的な思考力を養い，なおかつ異文化や他者に対して寛容な態度を育むことにもつながる。

5 「共有に向かうこと」――ティム・インゴルドの教育論をめぐって

本章の議論は，人類学のあり方そのものを捉えなおそうとする近年の理論的潮流と軌を一にしている。独自の観点から生の人類学を提唱するティム・インゴルドは，人類学が民族誌の執筆を目的とすることに対して批判的である。一般的に人類学は他者の世界に研究者自身が身を置き，そこで生活しながら，その世界の住人のさまざまな習慣や行動，語りを記述して，民族誌としてまとめることを目指しているとみなされる。だが，彼にとってこの目標は他者の生の持続性を切断することに他ならない。むしろ，その世界の住人の教えにしたがい，彼らとの持続的な関係のうちに自己を変容させながら，人間の生の条件や可能性について思考を巡らせることこそが，人類学にとって重要だと考える。彼にとって人類学とは「人々についての研究を生み出すよりも，むしろ人々とともに研究する」営みなのである（インゴルド 2020: 16）。

この観点の延長線上に，インゴルドは人類学と教育が重なりあう部分について論じている（Ingold 2018）。彼は人類学者のフィールドワークの要である参与観察の経験と教育を受ける経験はまさに同じでものであると主張しており，彼の考える教育とは，ペダゴギーとして知られる公教育における知識の伝達とは何の関係もない。彼はデューイの経験の連続性の議論に着目し（コラム②），「生の持続性」の実現こそが教育の本質であるという。そしてデューイは，習慣の基本的な特徴について次のように述べている。

> すべておこなわれ受け止められた経験が，それをおこない受け止めている当事者本人を修正する一方，その修正が他方ではそれを望もうが望むまいがにかかわらず，引き続き起こる後の経験の質に影響を及ぼす。というのは，われわれが後の経験に入ってくるのは，以前の人間とは幾分か異なった人間としてであるからである（デューイ 2004: 46）。

この言明は，インゴルドが考える生の持続性の概念に近く，なおかつ人類学者が参与観察として経験していることと理解してよいだろう。人類学の目指すものが自己の変容であるのと同様に，教育の目的もまた自己の変容なのである（Ingold 2018: 62）。フィールドにおける他者の世界に参与することによって，私たちは変容する。同時に，彼らも変容する。それは私たちがお互いに差異を持ちつつ生成する存在だからである。

こうしたインゴルドの教育論にとって重要な概念が，「理解すること（understanding）」に対するアンチテーゼとして提起される，「共有に向かうこと（undercommoning）」である。理解することとは，ここでは特定の知識の基盤の構築を意味する。つまり，何らかの情報や知識について「分かる」ことによって，私たちはさらなる知識の習得が可能になる。それは彼の考えでは，私たちが立つ安定した場をつくるようなものである。一方，「共有に向かうこと」とは，私たちが幼いころから経験を通して獲得してきた物事の理解のあり方を不安定にさせ（〈なじみ〉の空間からの切断），いったん未知の世界に放り込まれつつも，ズレをもつ者同士の応答によって何かが重なり合っていく，創造的な人間生成の途上を指す。

これは俗に言われる，成長のフレームワークの考え方に近い（図 1-2）。人は慣れ親しんだコンフォートゾーンにいるだけでは学びは活性化しないが，その外には広大なラーニングゾーンが広がっている。とはいえ，さらにその先にあるのは人知を超えた領域であるパニックゾーンがあり，ここではむしろ学習どころではなくなる。インゴルドの「共有に向かうこと」は，両者の中間に位置するラーニングゾーンにおける人間のあり方を説明しているといえる。なお、このフレームワークでは他者が想定されていないが，インゴルドの議論を敷衍していえば，他者の存在なきラーニングゾーンはありえない。さらにいえば，そうした他者の存在を前提とした学び合いが，パニックゾーンを招来させない防波堤ともなるだろう。

インゴルドの教育論の含意はここでは十分に紹介しきれないが，この議論を通して編者たちが指摘したいのは以下の 2 点である。第一に，人類学者にとっての教育実践の位置づけである。一般的に研究者にとって学生への教育とは，研究活動の成果の還元やアウトリーチ活動のようにみられる。だが，人類学者にとってのフィールド教育とは，まさに「人類学すること」のひとつの形なのである。人類学が他者とともに学ぶことであるのならば，学生をフィールドという世界の中に導き出し，学生との関係のなかでともに学ぶことができるのである。

第二に，教員の役割である。インゴルドは「世界の中に導き出すこと」以上に，教

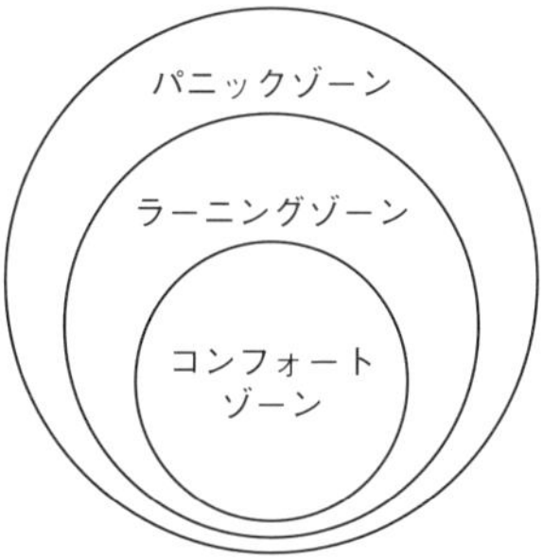

図 1-2　成長のフレームワーク

員の役割を積極的に論じていない（Ingold 2018）。彼にとって教師と学生は，一方が他方を教化・啓蒙するような固定された関係ではなく，どちらもお互いに差異をもち生成する存在である。したがって，彼のいう教育では，学生が変わるのと同様に教員も変わることが含意されている。この点を踏まえると，教員がいかに学生に働き掛けるかという議論は成立しない。だが，実際の教育現場において，学生を人類学者のように〈なじみ〉の空間から切り離された状態（＝共有に向かうこと）に長期間曝すことは極めて困難である。短期間かつ集団でフィールドに赴く場合には，やはり教員の役割が重要になる。そしてこのことは，学生を教化する「教育者（educator）」としてではなく，学生と共に学ぶ「共学者（co-learner）」としての役割とは何かを問うことにつながっていく。この点は第二章で深めていくが，その前に，次節において本章でこれまで言及してきた「自己変容」が意味するものについて考えておきたい。

6　自己変容型フィールド学習の可能性

本書のいう自己変容とは，単なるものの考え方の変化を意味するのではない。それは，フィールドにおいて自ら（self）の認識や価値観の形態（formation）を別の状態へ移行（trans）させていくプロセスそのものを指す。これは，人びとが身につけてきた知識や信念，価値観，感情の総体に位置づけられ，それらの基底にある，人びとが普段意識していないレベルの変化と言い換えられる。もっとも，自己変容の重要視は，フィールドワークを核とする人類学に限ったことではない。たとえば成人教育分野の理論家であるジャック・メジロー（Jack Mezirow）は，〈意味パースペクティブ〉という概念を提唱し，この〈意味パースペクティブ〉の変容こそが成人の学習にとって鍵となると主張する（メジロー 2012）。

〈意味パースペクティブ〉とは，経験の意味を把握しようとする際の知覚や認識の準拠枠であり，ものの見方の前提（premise）にあるものである 。それは，自己の経験の意味づけの方向を規定したり，特定の意味を除外したりする機能をもつ。同時に，「善か悪か，美か醜か，真か偽か，適切か不適切か」といった判断と評価の基準を提供する（メジロー 2012: 62）。メジローによれば，これは「前合理的で，言語化されていない」という特徴をもつため（メジロー 2012: 84），人びとが暗黙のうちに形成してきた〈意味パースペクティブ〉には，概して「ゆがみ」があるという。

メジローは自分の過去の経験に対する批判的省察を通して，この「狭く，ゆがんだ，恣意的に偏って反応する知覚や記憶の様式」（メジロー 2012: 8）を修正し，〈意味パースペクティブ〉を再編していくことこそ，成人にとって特有の学習のあり方だと考える。この背景には，経験を解釈し，意味を生成させていくプロセスこそが，学習の中核的要素であるとする学習観がある。

このような批判的省察が駆動するきっかけとなるのは，これまでの想定では理解できない状態を指す「混乱を引き起こすジレンマ」に遭遇するときだとメジローはいう。そして主に対話的な学習を通してジレンマに向き合い，自らの想定を批判的に省察することへと促される。こうした想定の省察は「問題を再定義し，変容した洞察に基づいて行動することへとつながる」（メジロー 2012: 274）。つまりメジローのいう変容的学習論とは，〈意味パースペクティブ〉を変容させる学びの方法論なのである。

ところで，メジローは省察を〈内容の省察〉〈プロセスの省察〉〈想定の省察〉の三段階に分け，「何を認識するのか」「どのように認識するのか」「なぜそのように認識するのか」という問いにそれぞれ対応させている。そして最後の〈想定の省察〉こそが批判的な省察に値し，これが〈意味パースペクティブ〉を変容させるという。たとえば次のようなことである。

高校までの生活のなかで「空気を読んで行動すること」を無批判に受け入れてきたある若者が，大学に入り，ゼミのなかで積極的に発言する仲間をみて，「空気を読まないやつだ」と疎ましく思っていたとする。しかし，しばらくしてその仲間が先生から高く評価され，彼には大学生活を謳歌しているようにみえた。こういった出来事をふりかえり，彼は「ときには空気を読まない行動も大事なのだな」と気づく（内容の省察）。一方で，その仲間の行動に対して「自分は空気を読まないやつだと解釈していたけれど，そういう認識は正しかったのか」と自問するようになった（プロセスの省察)。さらに,「自分はなぜ空気を読むとか,読まないとか,そういったことを気にして生きてきたのか」と気づく(想定の省察)。そして,その考え方が学校生活のなかで作られてきたものであって,状況が変われば,その行動パターンが逆に自分の成長する機会を奪ってしまうことになるのかもしれないと発見する。結果,彼はこれまでの認識や行動のあり方を意識的に変えていくようになった。

これはあくまで単純化した例であるが,実際にはこのように自分一人で気づけるような人はなかなかいない。そもそもこうした個別の行為の観察を「空気を読む／読まない」という概念で認識できるような人であれば,特定の状況を対象化して把握できているため,自分で何らかの気づきを得ることは容易であろう。むしろ,現実的には多くの若者たちがこのような概念で捉えることすらできずに,何となくこのゼミの仲間のふるまいに対し異和感をもつ程度で終わってしまうのが実際のところである。

したがって,ここで気づきを得るには,メジローのいう「混乱を引き起こすジレンマ」が必要であり,そのためには強く感情が揺さぶられることが条件となる。だが気づきを得たからといって,自力で何らかの認識の変化を生みだせるわけではない。そこで,他者との対話が必要となる。もっとも,この帰結として,みなが同じように自分の認識や行動パターンの変更に至るわけではないが,メジローが理想とする学習のあり方は,こうした気づきを経た自己変容である 。

メジローの変容的学習論は,いわゆる異文化における経験をもとにした自己変容を念頭において構築されているわけではないが,「混乱を起こすジレンマ」は自分のふだんの生活圏から離れた状況において生じやすいといえる。編者たちが本書で示そうと考えるのは,メジローのいう〈意味パースペクティブ〉の変容を,〈なじみの空間〉から離れた場所における他者との交流のなかで生みだす仕掛けである。

＊＊＊

人類学者であれば,長期的なフィールドワークの過程で,自ら〈意味パースペクティブ〉を変容させてきた経験をもつはずだ。であるならば,自身のフィールド経験を参照しつつ,学生たちが得た異和感を何らかの気づきに転換させ,学生たちを〈意味パースペクティブ〉の変容へと導けるのではないだろうか。メジローはこの変容をもたらすには対話型の学習が必要であるというが,まさに教員が学生と対話をしていくことを通して,自己変容へといざなうことが可能になる。

「フィールドワーク」という言葉が多様な分野を横断して用いられるようになった今日，人類学的フィールドワークの認識論や方法論について教える機会は増えている。しかし他者との出会いを通して実存が揺さぶられるフィールドワークに特有の感覚を，言葉だけで学生に伝えることはとても難しい。自己変容とは極めて私秘的な経験だからである。だが幸いにも教育現場でPBLが普及し，教員が学生を引率してフィールドに出ていくことも増えてきた。フィールドで抱く異和感を手がかりとした自己変容を学生にも追体験してもらうことが制度的に可能な状況にある。ならば，人類学者を人類学者たらしめてきたフィールド経験を今日の教育現場に取り入れることで，深い他者への共感を持ちながら，この不確実な時代を逞しく生き抜く力の涵養を後押しできるのではないか。これが，編者たちが共有する基本的な問題意識である。

参考文献

Ingold, T.（2018）. *Anthropology and/as Education*. Routledge
インゴルド, T.／奥野克巳・宮崎幸子［訳］（2020）.『人類学とは何か』亜紀書房
太田好信（2005）.「媒介としての文化――ボアズと文化相対主義」太田好信・浜本　満［編］『メイキング文化人類学』世界思想社
佐藤知久（2015）.「フィールド哲学とは何か」佐藤知久・比嘉夏子・梶丸　岳［編］『世界の手触り――フィールド哲学入門』ナカニシヤ出版
スコット, J. C.／高橋　彰［訳］（1998）.『モーラル・エコノミー――東南アジアの農民叛乱と生存維持』勁草書房
竹川大介（2017）.『野研！大学が野に出た――フィールドワーク教育と大學堂』九州大学出版会
デューイ, J.／市村尚久［訳］（2004）.『経験と教育』講談社
ヘンドリー, J.／桑山敬己・堀口佐知子［訳］（2017）.『〈増補新版〉社会人類学入門――多文化共生のために』法政大学出版局
マリノフスキー, B.／増田義郎［訳］（2010）.『西太平洋の遠洋航海者――メラネシアのニュー・ギニア諸島における，住民たちの事業と冒険の報告』講談社
箕曲在弘（2014）.『フェアトレードの人類学――ラオス南部ボーラヴェーン高原におけるコーヒー栽培農村の生活と協同組合』めこん
メジロー, J.／金澤　睦・三輪建二［監訳］（2012）.『おとなの学びと変容――変容的学習とは何か』鳳書房
山口昌男（2000）.『文化と両義性』岩波書店

第 2 章

自己変容型フィールド学習に向けて

箕曲 在弘・二文字屋 脩・小西 公大

前章において，編者たちは〈なじみ〉から切断された空間のなかで他者と邂逅することを通して，自分が抱いていた「暗黙の前提」に気づき，自分の世界観を更新していくことを目指す学習を，「自己変容型フィールド学習（SFL）」と呼んだ。本章では，このようなタイプの学びを，学部教育の学習プログラムとして導入していくにはどうすべきかを検討する。そこで，第 1 節で課題解決型学習（problem-based learning：PBL）とは何かを説明したうえで，第 2 節では SFL と PBL を組み合わせる意義について論じる。続く第 3 節では，自己変容型フィールド学習において欠かせない要素である「場づくり」と「ファシリテーション」という概念に言及する。そして課題解決に向けたプロジェクトの探求という学習デザインが，場づくりのなかで極めて重要であることを指摘する。

1　フィールド教育の舞台としての課題解決型プロジェクト学習

■ 1-1　フィールドワーク教育ならぬ「フィールド教育」

人類学者がこれまで行ってきたフィールドワークは，〈なじみ〉の空間からの切断をともない，長期間，他者の住まう空間に身をおくことによって成果をあげてきた。だが，大学教育のカリキュラムのなかでは長期間フィールドに滞在することは難しい。そのようななかでも，人類学者によって実施されてきたフィールドワーク教育では，調査テーマの設定から，現場での参与観察やインタビューの方法，取得したデータのまとめ方が教えられてきた。これは学生でも実施可能な社会調査としてのフィールドワーク技法の教育であるといえる。たとえば近年，学生向けにさまざまなフィールドワークの方法論を記した教科書が出版されている（e.g. 小田 2010, 佐藤 1992, 箕浦 1999）。これらはゼミや社会調査実習という与えられた制度的枠組みのなかで，首尾よくフィールドワークができるように体系的に記されている点で有益である。

しかし，これらのマニュアル通りにフィールドワークをしたからといって，必ずしもフィールドワーカーが前提としていた価値観が崩壊したり，自分の生き方を再考するような衝撃が得られたりするわけではない。極端に言えば自己変容に向けたフィールド学習を目的とするならば，これまでのフィールドワークの教科書が説明してきたような調査は必ずしもその必要条件ではなく，さらに言えば社会調査すらおこなわなくてもよいと考える。本書が提案する SFL は，現地調査そのものを一義的な目的とはしない。あくまで調査は自己変容にいたるための手段である。その意味で SFL は，フィールドワーク教育というよりは「フィールド教育」といえるだろう。

では，SFL を実践するために教員は何をすればよいのか。ここでは，「知識を教える」という発想ではなく，「場づくり」と「ファシリテーション」という方法に注目して，教員の役割を捉えなおしたい。つまり，SFL における教員の役割とは，他者との邂逅を実現しやすくする舞台あるいは場面の設定や，それを通した自己変容を促すファシリテーションに重点を置いたものになる。

本書で掲げるフィールド教育の方向性を踏襲するならば，これまで想定されていたような教員の役割は大きく変わることになる。教える者としての側面は弱まり，学習する者の思考や行動を刺激し，その思考・行動のあり方を方向付ける「伴走者」としての側面が強調される。この点で重要となるのが，課題解決型学習（PBL）である。そして PBL のなかでも，とりわけ「課題解決型プロジェクト学習」に注目する。この課題解決型プロジェクトという舞台設定こそが，自己変容に至るために有効だと考えるからである。

■ 1-2　PBL の興隆

PBL とは，教員が現実の事象から課題を提示したうえで，学習者が少人数のグループをつくり，資料収集などデータを集めると同時に，議論をくり返すことを通して問題解決を図る学習方法を指す。この手法の開発に取り組んできたデラウェア大学では，PBL によって養成される能力を以下の五つにまとめている（ダッチほか 2016: 4）。

- 批判的に考え，複雑な現実世界の問題を分析し，解決できる能力
- 適切な学習資源を見つけ，評価し，活用する能力
- チームや小グループで協力して取り組む能力
- 口頭と文書の両方で，柔軟で効果的なコミュニケーションを行う能力
- 生涯学習者になるために，大学で得た知識内容や知的技能を活用できる能力

PBL が高等教育を中心に広がってきた背景には，教員が体系化された専門知識を学習者に伝達して，知識の総量を増やしていく暗記中心の学習観への批判がある。この旧来型の学習観が，閉塞した社会構造を打破するイノベーティブなアイディアを生み出せていない原因だとされている。ここに因果関係があるかどうかは定かではないが，英語や国語，社会，理科など縦割りの教科，あるいは政治学や経済学，社会学といった学問分野に閉じた形で学んだとしても，それが直接，社会生活を送るうえで役立つわけでは必ずしもないという認識は広く共有されている。現実の社会はこういった縦割りの教科を横断して解かねばならない問題ばかりであるとも言われるように，分野ごとに閉じた知識だけを教育機関で修得することの限界が指摘されているのである。

こうした問題に対して，PBL は学習者中心の学びを実現し，学習者の学ぶ意欲を増大させ，目的意識をもって主体的に学んでもらう手法として導入された。PBL の手法を採用することで，現実にある課題を解決するのに必要な知識は何かを学習者自身が考え，チームでその知識を習得し，解決に向けて試行錯誤できるようになる。こうした学びは，現実社会を生き抜くうえで役立つ知識運用能力（リテラシー）を強化することにつながるだろう。

■ 1-3　課題解決型プロジェクト学習としての PBL

PBL は，もともと 1960 年代後半に臨床例を用いた基礎医学の概念を学習するために，医学教育のなかに導入されたのが始まりとされる。その後，1990 年代には，生物学や化学，物理学，政治学など，さまざまな専門分野のなかで実践されるようになった（ダッチほか 2016: 7）。とりわけ先述のデラウェア大学は，全学をあげて組織的に PBL の手法を発展させてきた。日本では，2005 年に三重大学が PBL を体系的に導入したとされる。

PBL は基本的に教室のなかで行われる学習法であるが，PBL の発展のなかで学外のフィールドにおいて PBL の手法を用いた現場体験学習を実践する人たちが出て

きた。前者を「課題解決型教室内学習」とするなら，後者は「課題解決型フィールド学習」といえるだろう。なお，PBL は「課題解決型学習（problem-based learning）」の他に，工学教育のなかで展開してきた「プロジェクト型学習（project-based learning）」の略語として用いられることもある。今日では両者の違いは曖昧になってきているが，どちらかといえば学外における現場体験学習は，社会的課題などを中心に据えた何らかのプロジェクトに取り組むことになる場合が多く，後者の意味あいが強い。

このようなフィールドワークを含む PBL が興隆してきた背景には，いわゆる座学による学習が学生の関心をひけず，魅力のないものとしてみられているという事情がある。こうした問題を乗り越えるために，特色ある教育科目として社会の現場に身を置き，町づくりや村おこしなどの社会的課題に取り組むことを通して学習意欲の向上を目指す「課題解決型プロジェクト学習」（以下では，このタイプの学習法を PBL と略す）が導入されてきたのである。一方，この PBL を通じて，学生たちは実社会の課題に取り組むことで，社会の一員としての自覚をもち，社会参画を円滑に促すことが可能だとされる。実際，「○○企業とのコラボ」や「地域の課題解決」といったフレーズのもとで，さまざまな大学で学生たちの学習意欲を駆り立てるプログラムが用意されている。

また，海外研修の一環として，近年では長期の留学よりも，短期渡航プログラムが盛んになり，高等教育機関がスタディツアーやボランティアツアーといったオルタナティブツーリズムとして，これまで NGO を中心に展開してきたプログラムを主体的に取り入れるようになってきた。これらの海外研修のなかには，「現地の課題解決」を旗印にフィールドワークに取り組むものがある。これらは意識的に PBL を謳っているわけではないが，両者の実質的な違いはあまりないことから，このようなタイプの海外研修も PBL のひとつとみなすことができるだろう。

さらには大学ばかりでなく，一部の高校においても，修学旅行に代わる形で現場体験の要素を取り入れた研修旅行が導入されている。高校では 2019 年度から従来の「総合的な学習の時間」にかわる形で「総合的な探究の時間」という科目が設けられ，自ら課題を設定して（フィールドワークを含む）さまざまな調査方法を通して課題を掘り下げていく，「探究」という要素が重視されるようになった。この流れのなかで，課題解決型のフィールドワークが多様な場面で重要性を増している[1)]。

近年の教育改革のなかで，主体性や創造性，思考力といった要素が求められるようになっている今日，このような動きはより一層強まっていくはずである。たとえば，〈新しい能力〉と呼ばれる，知識の活用力（リテラシー）や対人関係力，課題解決力といった，これまでの教育現場では必ずしも正当に評価されてこなかった多様な能力の育成が急務となっている。この是非はともかく，学習指導要領も，思考力や主体性を重視する形で改変されていく流れのなかで，前述のような教育に関するパラダイムの変化を避けることができなくなっている（コラム①参照）。

PBL のなかにフィールドワークを取り入れるというスタイルは，たとえば「地域の過疎化」や「発展途上国の人びとの貧困」といった課題解決の手段を考え，そのアイディアを実践するといった形になる場合が多い。ここでは，こうした解決困難な課題に取り組むことそのものが重要なのであり，専門知識があまりない生徒・学生にとって，真の意味で課題解決が求められているわけではない。少しでもこうした課題の解決に貢献できればよいということであろう。

したがって，この意味での PBL は，1960 年代に医学教育のなかに導入されたものとは異なり，専門知の習得に関してはあまり強く志向されていない。むしろ，持続可能な社会を構築するという大きな目標に参画する市民を育成していくという点に力点が置かれている。そのなかで必要とされているのは，多様な世代や立場の人たちとよりよい関係を築き，そこから必要な情報を引き出し，目的に従ってまとめていくといった，よりジェネラルな能力である。

教育現場で従来からみられる，科目ごとに縦割りされた知識詰め込み型の学習法への反省と批判から，PBL を教育現場で採用・実現しようとする動きは，さまざまな教育機関で広がりをみせている。そこにはアクティブ・ラーニングを進める文部科学省からの要請という外発的要因を大きな背景としつつも，学生の主体性や能動性を重視した学習機会の提供が，学生の学習意欲を高めるとともに，柔軟で汎用性の高い知性の育成に効果的であることが実際の教育現場でも認められているからであろう。とはいえ，PBL は従来の学習法である科目進行型学習（subject-based learning: SBL）を否定するものではまったくない。SBL で獲得される知識は，PBL を通して深化するという意味で，両者は相互補完的な関係にある。

以上を踏まえて，SFL を提案する本書は，PBL が自己変容を目指すフィールド教

1）たとえば，立命館大学付属宇治高校では，スーパー・グローバル・ハイスクール（SGH）構想のもとで，語学研修とはことなる課題が決型のプロジェクトを志向した海外研修を実施している。また，PBL とは異なるが，甲南中学・高等学校や関東国際高校などでも，持続可能な開発目標（SDGs）に関連する形で，生徒が主体的にテーマを決め，フィールドワークを試み，研究発表するといった取り組みが行われている。

育の舞台になりうると同時に，フィールド教育の要素を組むこむことでPBLをより深化させることが可能であると考える。具体的にどういうことか。次節で詳しく説明しよう。

2 PBLとSFLを組み合わせる意義

■2-1 PBLを深化させるために必要な人類学的視点と人類学者の経験

フィールドワークの醍醐味は，課題解決に一直線に向かうためにデータを集めることにあるわけではない。本書の編者たちはこれまで，課題解決型プロジェクトに関わりつつも，そこに異和感をもち，それぞれに課された制度的制約のなかで，独自の方法を編み出してきた。編者たちは人類学を専攻し，長期にわたる海外フィールドワークを行ってきた。そして教育現場に関わるようになり，フィールドワークの醍醐味を学生たちにどうすれば伝えられるのかを考えてきた。そして課題の解決にまっすぐ向かっていくことよりも，その背景にある対象社会の複雑な事情を理解するためのプログラムを用意したり，課題解決プロジェクトを通して参加者の暗黙の前提を突き崩し，自分の生き方そのものの再考を促したりするなど，一風変わった試みを続けてきた。

こういった観点からみると，一般的なPBLは，あらかじめ解決すべき課題が決まっているか，社会的課題の発見を義務付けているという意味で，極めて予定調和的であり，調査の設計からアウトプットの仕方まで一貫して流れが構築されているという意味で，設計主義的である。そのため，課題設定そのものの妥当性に対する懐疑や，課題から逸れた何らかの発見が正当に評価されなかったりする。あくまで課題解決に即しているか，あるいは社会的課題を発見できたかどうかが，学習行為のなかで重視されるからである。

もっとも，予定調和的かつ設計主義的なフィールドワークのあり方が，課題解決という目的を達成する上で効果があることに異論はない。だが編者たちは，こうした予定調和性を打破することを志向する，「自己変容に向けたフィールド学習」を目指している。対象となる地域の人間関係のなかに埋め込まれながら，そのなかで抱いた異和感を掘り下げ，自分のものの見方や固定観念を相対化していくことで，問題そのものを「リフレーミング（再枠づけ）」したり，問題そのものの存在を疑ったりする力を身につけることができると考えているからである。

また，PBLを実施している，あるいは実施しようとしている教育機関にとって，人類学を活用し，そこに人類学者を動員することは大きなメリットがある。フィールドにどっぷりと浸かってきた人類学者であるからこそ，その強みを PBL に活かすことは十分可能であるし，PBL をまた違った魅力ある学習法として改変することができると思われるからである。人類学の強みとは，まずもって「フィールドを知る」ということに集約される。

だがこれは必ずしも調査を意味するだけではない。「フィールドを知る」には，入念な事前準備とフィールドへの繊細かつ大胆なアプローチを必要とする。フィールドで出会う他者は生身の人間であるために，他者との信頼関係の構築や，フィールドで立ち振る舞うための柔軟なバランス感覚，調査成果の現地への還元を志向する社会性，そして一定の倫理観までもが要求されるからである（コラム⑤参照）。フィールドの人びとと利害が一致しているなら調査は比較的スムーズに進行するが，そうでないなら多様なアプローチを通してフィールドへと接近していく必要がある。この点においてさまざまな他者を内在的視点から理解してきた人類学者の経験は，PBL においてその効果を最大限に発揮するものといえる。

■ 2-2　PBL 的手法を導入することによる人類学側のメリット

一方で，PBL 的な手法を人類学教育のなかに導入することのメリットには，以下のようなものがある。第一に，PBL は学生のモチベーションの向上に寄与する。社会調査に関心のある学生であれば，調査そのものに意味を見出すことはできる。だが「なぜその調査をするのかわからない」という学生もなかにはいる。他者の住む世界に浸ってみたいという好奇心がフィールドワークの原動力となる人類学者にとって，このような発言には驚きを隠せない。だが，「社会的課題を解決する」といった大義名分があるほうが，学生たちの関心を惹きやすいというのも事実である。むしろ，村おこしや貧困削減という，人びとの役に立ちたいという実直なタイプの学生たちが，プロジェクトを通して物事の複雑さ理解することで，自分の暗黙の前提を崩していくことにこそ学びの意味があるといえるだろう。

第二に，より重要な点であるが，PBL において学生たちが相対する人たちは，調査対象ではなく，ともに課題に取り組むパートナーとなる。社会調査を目的としてしまうと，学生と相対するのは調査の相手であり，「調査される客体」となってしまう。こうした非対称的な関係が相手の協力を得にくくさせることがある。これまでにも「調査被害」という呼び方で，調査される側が仕方なく調査に協力するという状況が生まれ，それが調査相手の尊厳を奪ったり，期待を裏切ったりすることが問題とされてきた（小田 2010: 76–85）。もっとも，ここで設定される課題がお仕着せのものであり，相手のニーズをまったく無視したものであれば，事情は異なってくる。だが，課題解決のパートナーとなる団体や個人とフィールドワークの主体が同じ目標を共有することができれば，相手の協力の仕方も変わってくるだろう（湖中論文参照）。

このような状況設定が学生と相手側の関係者のあいだに共有できさえすれば，プロジェクトのパートナーの方々から仲間だとみなされやすくなる。自己変容の条件が，〈なじみ〉からの切断であり，ふだんの関係から切り離されて，別の人間関係のなかに没入することだとすれば，このように仲間だと思ってもらえる「場づくり」は欠かせないものとなる。たとえば，発展途上国のコーヒー農家の組合と提携して，そのコーヒーを日本で販売するプロジェクトを立てるのであれば，彼らは日本で販売するのに必要な情報を進んで提供してくれるかもしれない（箕曲論文参照）。このように課題解決型プロジェクトを設定し，現地の人びととの協働を可能にする状況を設定することで，現地の人びとの関係性のなかに深く入ることができる。つまりたとえ短期の滞在であったとしても，他者との邂逅が実現しやすくなるのである。

実際，人類学者のフィールドワークのなかには，現地の人と一緒に物売りをしたり，伝統芸能を学んだりするという方法をとることで，対象としている世界に深く入り込み，研究成果をあげているものもある。こういった入り込み方は，プロジェクト学習に近い要素を含んでいる。現地パートナーと学生が一緒に農産物の加工品を販売することで収入源の多様化を図ることや，現地の楽器を学びながら古くからその地に伝わる音楽を映像に残すなどのプロジェクトを立てることで，パートナーとなった人たちが学生たちの想定している「常識」を超えた対応をすることが，学生たちの思考に刺激を与えるのである。

ところで，PBL を担う教員に人類学者が少ないというと驚きを覚えるだろうか。統計データがあるわけではないため客観的な根拠を示すことはできないが，周囲の人類学者たちに聞く限りでは，学生を学外に連れ出す機会はこれまで以上に増加しているものの，PBL を意識したものではないことが多い。なぜなら現在人類学者が実施しているフィールドワーク教育は，調査手法の教授を第一の目的とする専門教育としてその位置を占めているからである。もちろん，フィールドワーク教育自体がすでに PBL 的要素を含んでいることは大いにありうる。とくに科目として行われている場合，学生は教員が定めたフィールドとテーマに基づいて自分自身の興味関心に沿った課題を設定してフィールドワークを行うことは珍しいことではない。

しかしそれだけでは，本書が提案するSFLとはならない。フィールドに行くという行為自体がすでに〈なじみ〉からの切断にとって重要な一つの契機であることは確かだが，それだけでは自己変容へと至る三つのコンピテンシーの獲得につながるわけではないからである。

繰り返しになるが，専門教育としてのフィールドワーク教育に異を唱えたいわけではない。そうではなく，フィールドへと開かれた知性や実践としての人類学という営みの面白さと醍醐味を学生に伝えるためにも，フィールドワーク教育にPBLを積極的に取り入れながら，自己変容を通した世界認識の改変を提供することが，生きた人類学を学生に伝えることにつながるということである。またSFLに比重を置くことによって，学生にとっては等身大でこの世界に相対峙し，世界を自分ごととして理解することになる。

概して，教室外において行われるPBLは，人類学と接合されることによってSFLという形となり，これまでにない知性が引き出されるのではないかというのが本書の基本的な提案である。

■2-3　サービス・ラーニングやNGOのスタディツアーとSFLの関係

自己変容を目的とする学習プログラムは，これまでにもサービス・ラーニングやNGOのスタディツアーのなかで行われていた。たとえば，サービス・ラーニングは，日本では国際基督教大学や桃山学院大学など，おもにミッション系の大学を中心に展開されており，奉仕活動（サービス）を通じて，自己と他者の関係を捉えなおしたり，社会的責任や他者との連帯の意識を育んだりすることが目的とされる。ここにおいても奉仕活動への参加と，学習者のリフレクション（ふりかえり）が重視されており，さまざまな手法が開発されてきた（和栗 2015）。

NGOが実施するスタディツアーでは，差別や抑圧，搾取や貧困の現場を訪れ，社会的弱者の声に耳を傾け，参加者自身の行動や生活に変化をもたらすことを目的としたプログラムが展開されることがある。なかでも，日本ネグロスキャンペーン事務局（JCNC）が行ってきた，フィリピンのサトウキビ生産者のもとを訪れるツアーは1980年代から実施されており，彼らはこのツアーを「エクスポージャーツアー」と呼んでいる（小林 2019: 7–8）[2]。

2）JCNCは2007年に解散し，NPO法人APLAと改組された。このころにはすでに「エクスポージャーツアー」という呼び方はしなくなったものの，APLAのパートナー団体へのスタディツアーは現在でも定期的に行われている。

「エクスポージャー（exposure）」は，「さらけ出すこと」や「暴露」を意味しているが，ここでは当時マスメディアではほとんど取り上げられることのなかった発展途上国における社会的弱者のもとを訪問し，その問題がいかに自分たちの生活とつながっているのかを理解し，構造的暴力について現場経験をもとに実感していく試みが行われていた。JCNC 元代表の前島宗甫は，ボランティア活動の根幹を「かかわる，わかる，かわる」と表現している（小林 2019: 8）。エクスポージャーツアーの試みも，まさにこの表現を具現化するものであった。そしてこの表現のなかにある「かわる」は，自分たちの生活を見直し，社会的責任と連帯意識をもった市民として，ともに問題を解決する主体として涵養されることを意味している。

サービス・ラーニングは教育機関，NGO のスタディツアーは市民セクターにおける試みであり，両者は別々の立場にはあるが，自分の生活圏を離れて他者と邂逅するという体験を通じて，参加者の世界観を変容させるという理念は共通している。しかし，これらの試みと SFL の違いを指摘するならば，自己省察の向かう先が，必ずしも「社会的責任の涵養」という方向に結びつかなくてもよいという点だろう。なぜなら，フィールドに赴く者たちがもつ「社会的責任」のイメージが，ステレオタイプとして機能してしまう可能性があるためである。むしろここで目指すべきは，「社会的責任」に対するイメージをもフィールドにおいて再考することで，自己省察の機会を生み出していくことにある。もちろん，自己省察の向かう先がどのような方向にむかうかは，あらかじめわからない。しかし，他者との邂逅によって触発された問いがあれば，その行きつく先が「社会的弱者と連帯しなくてはならない」といった特定のモラルに回収されなくてもよい。その問いを追求する先に，自分の何らかの世界観のリフレーミングが行われればよいのである。

自己変容と世界観の更新を促す SFL が重要であると考えるのは，「よく理解できないもの」や「不確かなこと」「不快なもの」に対する耐性を身につけておくことが，現代社会を生きていくうえで欠くことのできない素養と考えられるからである。たとえば，歴史をめぐる解釈の複雑さに目を背け，自分の理解できない情報を遮断し，対立する考え方に拒否反応を示す態度や，自分にとって不快であるからという理由で排除を求める態度など，不寛容さが際立つ出来事がたびたび話題になる。こうした社会情勢のなかで，単に他者との考え方の違いを強調するのではなく，その違いをきっかけに「なぜ自分はそう考えたのか」「相手はどうしてそのような考え方や行動をしたのか」と問い，考える態度を涵養することが，不寛容な社会を乗り越えることにつながる。自分が当然だと思っていた考え方が，当たり前ではなく，別様の考え方もあると気づくことこそが，いままさに求められている態度であろう。

3　場づくりとファシリテーション

■3-1　場づくり

前節では課題解決型プロジェクトという状況を設定することが，SFL の場づくりとして重要であることを指摘した。しかし，場づくりはこれだけにとどまらない。このような状況設定は，あくまで学生をとりまく大枠であり，その状況のなかで自己変容を促すさまざまな仕掛けを用意しておくことが望ましい。

本書で目指される「自己変容」とは，第 1 章で示した通り，〈なじみ〉の空間からの切断を通して，フィールドにおける課題解決型プロジェクトのテーマやそれに関連する概念の社会的文脈を理解したり，そのプロジェクトの目標を探求していくうえで偶発性を取り入れ，プロジェクトの目的自体が変容していったりするなかで自己省察を繰り返し，最終的に参加者が抱いていた暗黙の前提が崩れていくという一連の過程を経ることによって実現する変化である。こうした立場にたつ場合，この一連の過程が経験できる場づくりが極めて重要となる。

まず，「〈なじみ〉の空間からの切断」という部分について，国内外問わず，農山漁村や，狩猟採集民や牧畜民のコミュニティといった場の設定が可能であれば，それが一番望ましい。〈なじみ〉から切断されるとともに，そこで出会う他者たちと課題解決型プロジェクトに取り組むことを通して，自己変容を促す問いが発生しやすい状況が生まれる。たとえば，フェアトレードプロジェクトにおいて，コーヒー農家が「努力して作った」コーヒーを適正な価格で買い取ろうと，学生たちを含めたフェアトレード団体が農家に申しでたとしても，農家はその申しでに応じることなく，低い価格を提示する仲買人に売却しているという事実を学生が知る。これは学生たちにとって想定外の行動であり，どうしてそうなるのかという戸惑いにも似た疑問が生まれる（箕曲論文参照）。教員側は，ある程度，こういった疑問が生まれやすい状況を想定してフィールドを設定することが望ましい。

一方，言葉が通じないだけでなく，文化的背景が大きく異なる少数民族が住む村で生活することで「不便さ」を強烈に実感したり，自分たちとはまったく違う考えをもつ他者と協働することでさまざまな感情を喚起させたりする場づくりのあり方もあるだろう（二文字屋論文）。この場合，教員はふりかえりのミーティングの時間以外，基本的に参加者たちを背後から見ているだけで，参加者たちはどのように試行錯誤しながら目の前の問題を自力で乗り越えていくかが試される。

他方，「社会的文脈の理解」や「偶発性の創出」を目的としたツールを用意することも重要になる。フィールドのなかで学生たちは自然と現地に住む人々と関係が築けるわけではない。比較的短期の滞在となると，現地のコミュニティに毎日滞在していたとしても，相手が話してくれる環境を築くだけで滞在期間が終わってしまうこともあるだろう。こうした問題を解決するために，関係を作るためのツールや状況をあらかじめ工夫して用意・設定しておけばよい。たとえば，本書に収められた論考には，写真の使用（小西論文），家計調査票の使用（箕曲論文），ボランティア活動（二文字屋論文），仮説の設定（寺内論文），「図鑑の作成」という具体的な目的の設定（湖中論文）など，それぞれのプログラムに応じた工夫がなされている。

このツールのひとつとして，いわゆる社会調査が使われることがある。その意味で，本書が目指す自己変容型フィールド学習（SFL）は，課題解決型プロジェクトの目標が上位にあり，それに密接に連関する，他者と邂逅するための場をつくる手段として社会調査が位置づけられると想定している。この上位目標と手段の関係が断絶していては，現地の人びとだけでなく，参加する学生たちにとっても調査に参加する動機づけを欠いてしまい，両者の関係構築に失敗してしまう。

しかし一方で，場を作りこむことと，あえて作りこまないことの微妙なバランスにも配慮しなくてはならない。教員の想定する効果を狙って場を作りこみすぎれば，参加する学生たちの思考の方向性を強く規定してしまうことになるからである。学生の主体的な思索の場を作ることが目的であるにもかかわらず，場をつくりこみすぎると，かえって主体性を損なってしまうという事態が起こる。一方，場づくりをおろそかにしてしまえば，フィールドにおける他者との邂逅は実現せず，自己変容へと促される問いも生まれない。このバランスは，教員がプロジェクトを何度もこなすことを通して，フィールドの状況や性格に応じて微調整していくしかない。そのためにも，たとえ参加学生が変わろうとも，できる限り同じフィールドで何度もくりかえしプロジェクトを実施していくことが求められる。

■ 3-2　ファシリテーション

今日，ファシリテーションとは広く教育現場に浸透している概念であるが，「人々が集い，何かを学んだり，対話したり創造しようとする時，その過程を，参加者主体で，円滑かつ効果的に促していく技法」を指す（中野 2003）。何らかの課題解決やアイディアを出したり，異なる意見のあいだの対話を促したりする際に，ファシリテーターとなる人物は参加者の主体性が最大限に発揮できるように，その場の相互行為そのものをかじ取りすることが求められる。

ここからもわかるように，ファシリテーションは，場づくりと密接に結びつく。複数の人びとはひとつの場のなかに集まり，その集団が目指す目的が設定されている状況において，ファシリテーターは，その集団の目的達成に向けて活動全体を方向づける。しかしその一方で，参加者の主体性を損なわない形で，彼らのもつ能力を最大限に引き出すことも同時に期待される。ファシリテーターには，参加者の意見に耳を傾け，対立する意見に配慮し，一定の方向に議論を移行させるだけでなく，取り残される者がいないように，参加者全体を観察し，意見を引き出したりするという柔軟な状況対応力が必要となる。

このファシリテーションという概念が，場づくりとともに，SFL には欠かせない。学生たちは〈なじみ〉の場所から切断されただけで，いきなり普段とは異なったものの考え方が身につくわけではない。勘のよい学生は異質な環境のなかで得た刺激により，新たなものの見方を獲得できるかもしれないが，多くの場合，ファシリテーターとなる教員からの問いかけに応じる形で，思考が活性化していく。つまり，適切な状況のなかで，適切な問いかけを学生に投げかけることが，本書のいうフィールド教育のなかで決定的に重要になってくる。

どういった問いを投げかけるかは，気づきの種類や設定された学習目的によって異なる。たとえば 5 章（二文字屋論文）では，少数民族の日常生活にふれたことで自分たちの想定を超える人びとの行動傾向に異和感を抱き，教員がその背景にある学生の「当たり前」を問う質問を投げかける。一方，3 章（箕曲論文）では，帰国後にワークショップを行うことによって，同様にフィールドでの異和感に向き合い，教員はその学生の異和感の内容に沿う形で，「どうしてそう考えたのか」と問いかけ，自分自身の過去の経験を振り返ってもらったり，あるいはフィールドでの経験を振り返ってもらったりして，学生から言葉を引きだす。

こうした教員の働きかけを通じて，学生の発した言葉を価値づける。教員は学生の発言のなかで，そのプログラムの目的達成に関連するものを選別するフィルターとして機能している。とはいえ，教員はあくまで学生の思考を促す触媒として機能すべきであるため，教員の考えを頭ごなしに押し付けないように配慮すべきだろう。たとえば，学生のなかには「ラオス人は…」「日本人は…」とか，「ラオス人の国民性は…」と書いたり，発言したりする者が多いのだが，そのとき「その主語はおかしい」「国民性など存在しない」と言ってしまいそうになる。しかし，「どうしてラオス人と一般化したのか」「本当にそういえるのか」と問うだけにとどめて，対象を捉える適切な言葉を選ぶように促すなどの例があげられる。

ほかにも，「彼ら（フィールドの対象者）の言葉では，こういう意味になる」「おそらく彼らはこう見ているはずだ」といった形で，学生たちに相手の見方を想像させる働きかけをすることもある。現地の生活圏のなかに一緒に身をおいているからこそ，学生たちもその見方を想像しやすくなる。現地の言葉を学んでいない場合には，教員が学生の気づきに応じて，現地の人たちが使う概念が，私たちのものと異なる意味をもつという情報を提供する必要がある。

こうしたすべての問いかけが，社会的文脈の配慮への注意喚起，あるいは偶発性に身をまかせる心構えの獲得にむかっているかどうかについては，教員自身の省察が欠かせない。学生が発する言葉に耳を傾け，対話のプロセスを経て，学生たちのものの見方の暗黙の前提に気づきを与える。この達成度こそ，教員の省察における評価軸となる。

ここでは教員がファシリテーターになり，学生から言葉を引き出すことを想定しているが，必ずしも教員だけがファシリテーターになるのではない。たとえば，フィールドにおけるプロジェクトのカウンターパートがファシリテーターになることもある（湖中論文参照）。現地でワークショップを実施し，学生の口頭発表を現地の人たちが聞いて，学生たちが質問を受けることが，学生たちの思考を促すことになれば，それもひとつのファシリテーションだといえる。現地の人たちからの質問は，学生たちがまったく想定していないようなものも含まれる。ちなみに，こうした状況が生まれやすくするためにも，関心やテーマの共有といった場づくりが事前に必要となる。

また，こうしたPBLでは，学生が聞き取りに行く相手を「インフォーマント（情報提供者）」としてみるのではなく，ファシリテーターとしてみることが可能となる。情報を得ようと思って学生が出会う人たちは，学生たちの想定を裏切り，彼らが当初想定していなかった関心を引き出すことになる（小西論文参照）。とはいえ，ここで重要なのは，この当初のテーマからのずれを望まれるものとして，教員が評価しなくてはならないということである。当初のテーマにもとづいて情報収集しようとする「暗黙の前提」にしたがう学生に対して，教員が「そうでなくてもよい」と一言述べない限り，学生たちはこの気づきの種を拾うことなく通り過ぎてしまうだろう。このように，複数のタイプのファシリテーターが，それぞれの役割を担い，それが相互に影響を与え合うことで，学生たちは自己変容を遂げていくことになる。

■ 3-3　多様な自己変容のレベル

最後に改めて強調しておきたいのは，本書でいう自己変容とは，あくまで第一章で述べたような三つのコンピテンシー――社会的文脈の探求力や偶発的出来事への対応力，自己省察に向かう思考力――を〈なじみ〉の空間から切り離された場において育成していくことの帰結として見いだされるべきものだということである。これらの育成抜きに自己変容のみを強調したとしても，それは人類学者が経験してきたものとは異なる性質を帯びてしまうため，本書の射程から外れる。

もっとも，本書の各事例では三つのコンピテンシーを満遍なく学べるようにプログラムが設計されているわけではない。フィールドの滞在日数や状況が異なるため，各論者によって強調している点は異なる。しかし，あくまで学生たちはプロジェクトの遂行を目指して活動しているのであり，その過程において教員は三つのコンピテンシーが身につけられるように場づくりやファシリテーションを行っている。

ここで注意すべきは，学生の活動目標を自己変容としないことである。学生たちが自己変容を目指してフィールドの人びとと関わるという態度になると，フィールドで出会う人びととの関係の築き方そのものが変質してしまう。その場合，こうした人びとはともにプロジェクトに取り組むパートナーという役割から，学生たちにとって自己変容をもたらすための情報源という役割に堕してしまう。自己変容はフィールドにおける経験の帰結として事後的に発見されるものであり，学生たちが意識的に目指すものではないのである。

こうして事後的に発見される自己変容は，フィールドにおいて偶発性に身を委ねつつ，社会的文脈の探求を進め，絶えず自己省察をくり返すことによって可能となる。とはいえ，このプロセスはフィールドに滞在する期間の長さや，探求するテーマに関連した偶発的な出来事に出会えるかどうか，さらには教員のファシリテーションが学生に十分な示唆を与えるかどうかといった，多様な要因により深まる場合もあれば，逆に十分深まらないままフィールド滞在を終えることもあるだろう。

したがって，本書の各事例のなかで紹介される自己変容の記録は，第一章で紹介したメジロー（2012）のいう〈意味パースペクティブ〉の変容にまで至っていないものもある。とはいえ，これらの諸記録は，目的にまで到達しなかった失敗例であることを意味しない。本書に登場する学生が，その後，「あの時」のフィールドでの経験が人生において大きな転換期の一つだったと思い返す可能性もあるだろう。少なくとも各章のさまざまな学生の変容記録からわかるのは，自己変容には多様なプロセスとレベルがあるということである。つまり，自ら立てた仮説が覆されることによってものの見方が変わるというレベルから，学生の価値観の根幹にあるものに触れたり，感覚や感情の変化に至ったり，物事の良し悪しといった価値基準にも影響を与えたりして学生の行動変容へと至るといったレベルまで，本書では自己変容を幅広く捉えている。

一方，フィールド滞在中やホームに戻ってきた直後には気づかなかったことが，後にさまざまな経験を積み重ねることによって，事後的に発見されることがある。こう考えると，プログラムの実施期間中に自己変容に至る気づきがなかったとしても，学生の学びは失敗であったとはいえない。まだ20歳前後の学生たちにとっては，むしろ就職や転職，結婚，出産といったライフイベントの積み重ねを経て，フィールドにおける経験の意味がより一層明確になり，その後の行動パターンに影響を与えることが期待できる。とはいえ，教員のファシリテーションを通してフィールドにおける見聞を批判的に捉え返す方法を身につけておくことが，将来的なふりかえりの質に違いを生み出すのではないかと推察する。

なお，本書が提案するSFLでは「成長」をさほど重視していない。「成長」というと，右肩上がりというイメージだけでなく，すでに方向づけられた基準の達成度合いとなり，それ自体が画一的な評価対象となりかねないからである（コラム③参照）。むしろSFLで重視されるのは，〈なじみ〉からの切断を通して，自己という存在が大きく揺さぶられる経験を介した，世界観の拡張であり，複数の価値基準を内面化することにある。これがまさに自己変容であることは言を俟たないが，自己変容を評価するためには，「成長」を評価するのとは異なった方法が必要となる。もちろん，正課内教育の一環として行うためには何かしらの評価が必要である（コラム⑥参照）。とはいえ，正課外の活動も対象としている本書では，「評価する」という教育上の手続きからはあくまで一線を引く形で，フィールドワーク教育にPBLを取り込み，そこにSFLの可能性を見出していくことに重点を置いている。

4 本書の構成

このように本書が掲げるフィールド教育では，場づくりとファシリテーションを基本要素として，三つの能力を育成していく学習デザインが目指される。本書の各章では，それぞれの執筆者が，独自の仕方で，場づくりとファシリテーションを実践している。箕曲論文，寺内論文，湖中論文が大学の正規科目のなかで行われるプログラムを事例としているが，二文字屋論文，小西論文，飯塚論文は正課外のプログラムである。これはフォーマル教育とノンフォーマル教育という区別に対応している。

編者3名の論文は課題解決型プロジェクト学習と自己変容型フィールド学習の組み合わせという本書の大枠を満たす内容になっているが，正課内／正課外，海外／国内とそれぞれ異なる条件のもとで組まれたプログラムであり，その多様性を示すことがここでの狙いである。一方，編者3名以外の寄稿者の論文は，仮説法と自己変容，PBLという学習法，演劇的手法と自己変容といった形で，本書のテーマに関連する特定の要素に特化した議論を展開している。

まず第3章では，フィールドで覚えた異和感を社会的文脈に埋め込むことで自己変容を促す事例を紹介する。箕曲はラオス南部のコーヒー栽培地域において，フェアトレードや教育支援をテーマとした学習プログラムを実施している。大学の正規カリキュラムのなかに位置づけられたこのプログラムのなかで，学生たちはフェアトレードの社会的かつ経済的な影響を調べるためのフィールドワークを敢行する。箕曲はこの現地フィールドワークのなかに，家計調査や農家のホームステイ，コーヒー収穫体験といった場を設定することによって，テーマとなっているフェアトレードの影響の周囲にある生活の文脈に目を向けるように仕向けている。一方，箕曲は帰国後に「体験の言語化」と称して，現地において感じた異和感をもとに自己の暗黙の前提に疑いの目をもたせ，自己や社会の見方を更新させる学習デザインを取り入れている。第3章では，10泊11日という短期海外研修のなかでフェアトレードの効果を社会的文脈のなかに位置づける考え方を学びつつ，参加者たちの自己変容を促す方法について具体的に記している。

次に第4章では，偶発性と異種混交性を重視する状況設定と自己変容の関係に着目した事例を紹介する。課題解決型の教育形態にみられる危険性は，課題の設定から課題解決に向けた学習の過程が組織化されすぎることによる，学びの予定調和性にある。そこで陥ってしまう固定化された発想や認識を崩しながら，学生個々人がもつ特質や感性を生かすことのできる「余白」を多く含んだフォーム，いわば半構造的で緩やかな学習デザインが必要とされている。フィールドは想定外の情報や出会い，学びの機会に溢れており，そのような偶発的な世界との対話をいかに学習デザインに埋め込んでいくのか，そしてそうした状況が生み出されやすいような（多様な他者が交渉を繰り広げることのできるような）異種混交状態をどのように作り出すことができるのか。本章では，小西が携わってきた佐渡島における写真を使ったプロジェクト兼地域開発実践を事例に，具体的な学生の声を救い上げながら，調査や他者との対話そのものがどのように想定された学習デザインを崩し，転換し，また調査・教育をめぐるメタレベルの認識を生み出していったのかを紹介する。

第5章では，ボランティア活動を通した異和感を自己省察することで自己変容を促す事例を紹介する。二文字屋は研究対象でもあるムラブリを対象とした海外ボランティア・プロジェクトを実施している。正課ではないため単位付与の対象とはならないが，ボランティアに惹かれてプロジェクトに参加する学生も多いため，活動のモチベーションは比較的高い。基本的には，国内でミーティングを週1回から2回のペースで行い，夏と春にそれぞれ10日間ほどの現地活動を行なっている。どのようなボランティア活動をするかは現地の状況やムラブリとの対話を踏まえて決定されるが，本書に引き寄せて言えば，このプロジェクトで重要なのは，ボランティア活動それ自体よりも，ムラブリという他者との邂逅を通した自己の相対化であり，フィールドでの活動を通した他者理解である。そのため現地では毎晩のようにミーティングを行い，ムラブリとの生活を通してそれぞれが得た気づきや覚えた異和感を言語化するとともに，帰国後は各学生にふり返りレポートの提出を義務づけ，他者理解を通した自己の相対化を促す取り組みを行なっている。

後半の三つの章は，前半の編者たちの取り組みと部分的に関連する類似の取り組みに焦点をあてる。これら三つの章は必ずしもPBLとSFLの組み合わせによるフィールド教育プログラムを実践しているわけではない。しかし，各章の取り組みから導き出される含意は，本書が提唱するPBL／SFLに重要な示唆を与える。

まず第6章において，寺内はインドネシアのスラウェシ島において実施された短期海外フィールドスタディの事例を通して，彼自身が構築した「仮説法」と称する，調査結果を可視化し，学生たちが立てた仮説を逐次変更していく手法を紹介する。10泊11日間のインドネシア渡航のなかでも，スラウェシ島農村における3泊4日のホームステイは，密度の濃い異文化体験を参加学生にもたらす。渡航に先立ち，班ごとにテーマを決めて学生たちはホームステイの期間に集中的にフィールド調査を敢行する。毎晩行われるミーティングの場で「仮説法」を用いて，調査結果から仮説を導き出し，それを日ごとに更新していく過程を通じて，自己変容を促す。6章の事例はPBLの実践例ではないものの，短期海外フィールド調査を通して異文化環境における仮説検証の楽しさを感じてもらう手法について論じる。同時に，この手法を用いることで，学生の自己変容はどの程度可能になるかを考察する。

つぎに第7章では，自己変容よりもむしろ，人類学とPBLの組み合わせがいかに両者にとって有効であるかを論じている。そのために湖中は，学生たちがケニアの牧畜民マーサイのもとを訪問して，自分たちが住む静岡県の中山間地域と共通の課題について理解を深め，課題解決に取り組むプロジェクト型の学習プログラムを遂行する。このプロジェクトにおける場づくりの妙は,「支援する者―される者」という固定的な関係に陥らないように，獣害という共通のニーズを，日本の学生と現地住民がワークショップをすることを通して掘り起こしていく過程にある。この過程で実施される現地でのワークショップでは，静岡県の中山間地域の獣害の発表に対して，現地の人びとからさまざまな質問が飛び交い，それに答えていくことによって，学生たちの学びが深まっていく様子が描写される。そのうえで，現地の人びとが自分たちの獣害について語り出し，今度は日本の学生がその実態を調べるという流れを生みだしている。

最後に第8章において紹介する事例は，本書のなかでは極めて特殊な位置づけにある。第8章で扱われているフィールドは，海外でもなければ屋外でもなく，大学のセミナー室である。また，対象は大学生ではなく，もっと年齢の低い小学生である。飯塚の試みは，異文化を疑似体験するワークショップを通して，子どもたちのものの見方を柔軟にすることにある。そのために飯塚は，演劇的手法を用い，日常的な空間のなかに「カスカ」と呼ばれる狩猟採集民の儀礼を疑似的に持ち込んだ。こうした演劇的手法は，シミュレーション（疑似体験）やロールプレイング（役割演技）とも呼ばれ，経験学習の手法としてたびたび取り入れられている。教室を異化することによって生み出される舞台を通して，子どもたちが他者の世界を想像する過程を跡づけ，最終的に自然に対する見方が変容していくことを指摘する。

＊＊＊

「はじめに」でも述べたように，日本の教育システムが知識の習得に偏重してきたことへの批判や反省が叫ばれて久しい。しかし一方で，そうした批判や反省に見合う教育実践をどう実践するのかについてはそれぞれの教育機関や教員に任されている部分が多い。そのようななかで本書は，人類学という学問分野をバックグラウンドにもつ者たちによる教育実践とその意義について紹介するものであり，人類学という学問の特性を存分に活かした学習をどのようにデザインするのかを主眼に，自己変容型フィールド学習（SFL）という新たな考え方を提案するために編まれたものである。とくに本書が強調するのは，社会的文脈の探究と偶発性への対応，そして自己省察する思考力という三つのコンピテンシーを可能とする場づくりとファシリテーションのあり方であり，その帰結としてもたらされる自己変容による「タフでしなやかな知性」の涵養にある。それは，自己の世界観を拡張させ，複数の価値基準を内面化する過程そのものを指す。

とはいえ，教員の関心やフィールドの特性，そして教育プログラムの個別性といった変数を踏まえれば，学生に自己変容を促す上でどのような場づくりやファシリテーションが有効かを一般論として論じることは難しい。しかしこの難しさは，自己変容型フィールド学習の有効性を否定するものではない。むしろ，それぞれの教育機関の特徴を活かしつつ，既存の教育システムでは身につけることの出来ない知性の育成に向けてどのような教育実践が可能であるのかを考え議論していくための出発点である。本書に収められたこれら六つの事例は，そのような開かれた議論に向けて重要なヒントを提供するものと信じている。

参考文献

小田博志（2010）.『エスノグラフィー入門――〈現場〉を質的研究する』春秋社

小林和夫（2019）.「JCNC エクスポージャーツアーがめざしたこと」『ハリーナ』*43*: 7–8, NPO 法人APLA

佐藤郁哉（1992）.『フィールドワーク――書を持って街へ出よう』新曜社

佐藤知久（2015）.「フィールド哲学とは何か」『世界の手触り――フィールド哲学入門』ナカニシヤ出版

ダッチ, B. J., グロー, S. E., & アレン, D. E.／岩垣（山路）紀子・津田　司［訳］（2016）.「なぜPBL 教育なのか――学士課程教育改革の事例研究」ダッチ, B. J., グロー, S. E., & アレン, D. E.［編］／山田康彦・津田　司［監訳］／三重大学高等教育創造開発エンター［訳］『学生が変わるプロブレム・ベースド・ラーニング実践法――学びを深めるアクティブ・ラーニングがキャンパスを変える』ナカニシヤ出版

中野民夫（2003）.『ファシリテーション革命――参加型の場づくりの技法』岩波書店

箕浦康子（1999）.『フィールドワークの技法と実際――マイクロエスノグラフィ入門』ミネルヴァ書房

メジロー, J.／金澤　睦・三輪建二［監訳］（2012）.『おとなの学びと変容――変容的学習とは何か』鳳書房

和栗百恵（2015）.「サービス・ラーニングとリフレクション――目的と手段の再検討のために」『ボランティア学研究』*15*: 37–51.

第 II 部　実践編

第 3 章

反－反設計主義のフィールド教育

大学における短期海外研修（スタディツアー）を事例に

箕曲　在弘

1　型にはまった認識を相対化させるために

今日の大学教育では長期の海外留学ばかりでなく，短期の海外研修が盛んになりつつある。スタディツアーやフィールドトリップと呼ばれてきたこうした海外研修は，はじめて海外に行く学生に抵抗感なく異文化に触れられる経験を提供できるものの，ともすると観光ツアーになってしまい，学習的な要素が薄れてしまう。本章では，ラオス農村においてわたしが担当している「フェアトレードコーヒー生産者支援プログラム」を事例として，このような短期海外研修のなかで，学生の学びを最大限に引き出すには，どのようなアプローチが必要かを考えてみたい。とりわけ，人類学のフィールドワークの特質が，単に期間の長さや非体系性にあるのではなく，他者理解を志向した地域の社会的文脈の探求や自己の暗黙の前提を問い直す思考過程にあるのではないかという点を指摘したい。そして，この「人類学的なものの見方や考え方」を身につけてもらう方法を紹介し，その方法を「反－反設計主義」という概念をつかってまとめてみたい。

＊＊＊

大学院において人類学を専門的に学ぶ場合，1 年から 2 年程度の長期間，研究対象となる人々の生活のなかに入り込み，人間関係を構築しながら徐々に彼／彼女らの世界観や関係構築のあり方を理解していく。しかし，学部生の場合，異文化におけるフィールドワークを経験してもらいたくても，期間が短くなってしまう。しかも，何の海外経験もない学部生が短期で海外フィールドワークを実施しても，言葉がわからないうえに，何をどう見ればよいかわからないため，たいした成果を得られないまま帰国することになりがちだ。一方で，海外フィールドワークを実施したい学生に，わたしが同行しようにも，個別に学生たちのフィールドワークに同行することは物理的に不可能であるため，どうしても集団でどこかのフィールドに連れていくことになる。こうした事情から学部教育のなかで，海外をフィールドにして人類学を学ぶ際，短期海外研修という形態をとることになる。

しかし，短期間の異文化接触では，参加者に何らかのカルチャーショックを与えることはあるものの，渡航先の社会や文化に関する認識を単純に一般化してしまい，ステレオタイプを助長してしまう恐れがある。

本章の対象となる東南アジアの内陸国ラオスは，一般的には「東南アジアの貧しい国」という印象が強い。というのも，多くの人がその国の概略を説明する際に使うさまざまな指標をみると，「貧しさ」のイメージが喚起されるからである。たとえば，一人あたりの名目 GDP は 1000 ドル程度であり，ASEAN10 か国中，下から 4 番目（2018 年時点）であったり，農業や鉱山資源開発といった一次産業に依存していたりする。これだけでも，ラオスに行ったことのない読者は，ぼろぼろの服を着た子どもたちが物乞いをする姿をイメージするかもしれない。

一方で，最近では，ラオスはのどかな農業国というイメージも一般に流布している。ラオスに行ったことのある人たちは，口々にラオスはいいところだったという。のんびりしていて，走っている人などいない。確かに生活するには不便であるかもしれないけど，私たちが失った何かがまだある。つまり，物質的には貧しいが，心が豊かだ，というわけだ。こうした語りは，ラオスへの渡航経験者の語りばかりでなく，さまざまなメディアを通して伝えられるイメージとも重なる。テレビ番組で放映される悠久の自然に囲まれたラオスののどかな田園風景や雄大なメコンに沈む夕日のイメージは，ラオスののどかな「国民性」を象徴するかのようである。

しかし，こういった語りやイメージは，つねにわれわれの鏡像としてのラオスを切り取り，急激に都市化するラオスの姿や，そこに生きる人びとの生き方の多様性を捨象するステレオタイプを再生産する。ラオスでフィールド教育をすると，多くの学生たちは自分の認識の枠組みに自覚的になれず，このような典型的なオリエンタリズムの語りにとらわれてしまう人が多いことに気づく。学生たちは自ら現地を訪問し，実際に現地の人びとと交流する経験を経ているにもかかわらず，そこから導き出される印象は，型にはまったものになる。

私たちはある程度長い期間，異文化に滞在したり，事前に何らかのトレーニングを受けたりしない限り，決して自由には思考できないのかもしれない。学生たちの語りは，まさにこの思考の限界を証明しているようなものである。では，どうするのか。以下では，わたしが実施している短期海外研修の概要を紹介した後，こういった典型的な語りを少しでも脱するための学習デザインに注目してみたい。

2　短期海外研修の概要

■ 2-1　学内におけるプログラムの位置づけ

わたしが担当している短期海外研修プログラムは，東洋大学社会学部において2013年度より実施されている。「社会文化体験演習」と呼ばれるこの授業は，学生が海外フィールドの滞在経験を積むことで，自ら問題意識をもち，主体的に学ぶ姿勢を身につけられるようにすることを目指している。この授業には2コースあり，そのうちの一つが「キャリア分野」というわたしが担当するコースだ。

このコースでは，わたしの研究フィールドであるラオスのコーヒー生産地におけるフィールド学習が中心になっているが，それだけではない。学生たちが授業内に学生団体をつくり，ラオスのコーヒーを製品化し，学内外で販売したうえで，その収益をつかって現地の小学校の課題解決に取り組むという目標を立てる，プロジェクトベースのプログラムを展開している。学生は2年次に選抜されたうえで，このコースを履修する。4月の段階では，製品班，広報班など自分の所属する班を決めて，7月の販売会に向けて準備を進める。授業は2年生に加えて，履修2年目となる3年生も参加しており，3年生の指示にしたがって，2年生は班活動に従事する。

この過程で，学生たちは日本のフェアトレード団体にコーヒーの生豆を麻袋で発注し，焙煎業者に送り，製品化してもらい，自分たちが販売する。自分たちで任意団体を立ち上げた学生たちは，一定の資金をもっているので，それを使って製品を仕入れることになる。12月上旬まで行われる販売活動を通して，学生たちはフェアトレードを理念としてではなく，内側から理解することになる。それと同時に，ラオスという学生にとっては未知の国への興味を掻き立てられる。さらに，ここで数か月かけてチームワークを築いておくことで，渡航時も学生たちは目的意識をもって自主的に動くことが可能となる。

■2-2　海外短期研修プログラムの内容

この短期海外研修プログラムの背景にある考え方については別稿（箕曲 2017）に譲るが，ここでは本論の理解にとって必要となる部分のみ紹介したい。ラオスへの渡航は毎年 12 月下旬，ちょうどコーヒーの収穫が終わりかけのころである。10 泊 11 日の渡航期間に，学生たちは，自分たちが販売してきたフェアトレードコーヒーの栽培，加工，流通過程の見学，農家でのホームステイ，「家計調査」など，複数の活動を経験する。

この渡航では，わたしが懇意にしている現地の農協が受け入れ先となり，訪問する農家は現地農協が選んでいる。例年 20 名前後の学生が参加しているが，このほかにラオス国立大学環境科学部の学生約 4 名と，英語とラオス語の通訳約 5 名も参加し，貸し切った数台のワンボックスカーに分乗し，大所帯で村々を移動している。ラオス人学生も農家の家計調査の手法を知るよい機会となるばかりでなく，日本人学生と交流することで，お互いの学ぶ姿勢に感銘を受け，学習意欲が増すという効果が現れている。

この渡航に先立ち 10 回に分けて，事前講義を行っている。ラオスの歴史や地理，コーヒー産地であるボーラヴェーン高原の歴史や地理だけでなく，コーヒーの栽培から輸出までの行程や家計調査の意義や手法についても解説している。この講義で使用したスライドはすべて一つの冊子にまとめて，渡航時に持参するよう，学生たちに伝えている。事前講義では現地活動において必要となる最低限の知識の提供にとどめている。だが，とりわけこだわっているのは，つぎのような家計調査の目的と意義についての説明である。

農家は利用可能な多様な資源をつかって，自らの世帯を維持・発展させている。コーヒーも彼らにとって利用可能な資源のひとつであり，その売却先の選択は，各世帯の資産や労働力，農地面積など複合的な要因によって決まってくる（箕曲 2014）。本プログラムにおいてカウンターパートの農協に協力してもらい実施する家計調査は，農家の利用可能な資源の総体を把握し，そのなかで調査対象世帯がフェアトレード団体にコーヒーを売却したり，あるいは売却しなかったりする理由を解釈するために行われる。学生にとってはかなり難しく感じる内容ではあるが，「生計戦略」という概念を教えつつ，できるだけ彼らの日常生活の延長線上で理解できるよう，わかりやすい説明を心掛けている。この家計調査の詳細については後述する。

一方，事後授業には二つのタイプがある。第一に家計調査の結果をまとめるワークショップである。これは，現地で取得した情報をもとに，家計収入全体のなかのフェアトレードによる売却分の割合を算出するために行われる。このワークショップを通して，学生たちは世帯によってフェアトレード団体に売却する割合は多様であり，その多様性が生まれる社会的文脈について考察できるようになる。第二に「体験の言語化」である。これは渡航全体を通して，異和感を抱いた部分に着目し，自分が抱いた異和感の背景にある理由を考えてもらうことを狙いとしている。この部分こそが，人類学的なものの見方の習得に関わっている。

■2-3　農家でのホームステイ

この短期海外研修プログラムでは，1泊のみ地元の農家にホームステイさせてもらう日を入れている。この日は，「命の授業」と題して，朝に市場で生きたアヒルか鶏を購入し，夕方にラオス人の手助けを受けながら，屠殺・解体する。これは学生たちには衝撃的な体験のようで，食べ物への見方が大きく変わったという意見を数多くもらう。ただし，こういった生き物の屠殺・解体作業は，ラオスの農民にとっては日常的なものである。このホームステイを通して，コーヒー農家の日常的な生活の内在的理解を目指している。一日，高床式の家屋に泊まることで，その住み心地や利便性（あるいは，学生たちにとっての「不便さ」）を体感できる。

ホームステイした翌朝，わたしは学生たちに農家の人たちが起きるのと同じ時間に起き，彼／彼女らが何をしているのかをじっくり観察して，ときには一緒にやってみるように伝えている。すると，ある学生は「前日の聞き取り調査では朝5時に起きると言っていたのに，実際には6時過ぎてから起きていた」と言い，聞き取りだけで彼らの生活を理解した気になってはならないと後に述懐するなど，さまざまな発見が得られる。

また，朝は女性が早く起きて，家の掃除と朝食づくりをしたり，男性は朝から冷たい水を使ってコーヒーの加工作業をしていたり，なかには寺に行く家があったりするなど，泊まってみなければわからない部分がたくさんあることが，学生にわかってもらえる。酷暑の昼間に農民に接すると，家で昼寝をしている場面に出くわすことがある。これをみて「農家はのんびりしている」という印象をもつ学生もいるが，朝の農民の姿をみると，自分がいかに農家の一面しか見ていなかったかを悟るのである。多くの農民は，実際，日が昇り暑くなる前に，忙しなく仕事をするのである。

ホームステイの最後には，お世話になった家の農園に行き，コーヒーの実の収穫を手伝う。班ごとに分かれて，30分間でどれだけ多くの実が取れるのかを競争するのである。この競争の後，自分の収穫量がどれくらいの収入になるかを，家計調査の際に自ら得た情報をつかって計算する。こうして，単なる数字として記録していた労賃が，自分の行動と結びつくことによって，大きな意味を持ちだすのである。多くの学生は「たいへんな思いをしたのに，たったこれだけか」と感じるのと同時に，ラオスの収穫労働者は自分よりもずっと早いスピードで収穫し，もっと稼いでいることを知り，たかだかコーヒーの収穫とはいえ，熟練した労働者への敬意を抱くことになる。

渡航中のこれらすべての活動には意味があり，なおかつ各要素が有機的につながり，意味をもつ仕組みになっている。これは，わたしから学生に伝えたいことが明確にあり，それを個々の活動に落とし込むことによって可能になる。その意味では，学生が，教員の想定外の学びを得ることが難しい仕組みにはなっている。しかし，すべてを偶然性に任せてしまうよりも，短期間の研修であれば，ある程度，こちらで学んでもらいたいことを明確にしておくことも重要なのではないかと考える。以下では，このような学びのデザイン（仕掛け）の最も重要な要素について解説したい。その仕掛けとは，「貧しさ」の社会的文脈を理解するために用意された家計調査である。

3　学習デザイン①：家計調査を通した「貧しさ」の社会的文脈の理解

■ 3-1　家計調査という仕掛け

私たちの多くが日常的に理解している社会問題は，特定の社会的文脈のなかで生じている。たとえば，「貧困問題」をひとつとっても，1 日 1.25 ドル以下の所得で暮らす人たちは世界中に 12 億人いるとされるが，そのすべての人たちが日々食べるものもなく，生存ぎりぎりの生活をしているわけではない。

にもかかわらず，マスメディアを通して得られる情報から私たちは「貧しい人」のイメージを自然と作り上げ，「かわいそうな人」で，「助けてあげなくてはならない人」という価値判断を無意識のうちにもってしまう。

「発展途上国の農村に生きる人たちは貧しい」というイメージを相対化すること――わたしがラオスの農村に学生を引率し，フィールド教育をする目的のひとつに，これがある。こうした典型的な語りから脱するには，現地に長く滞在すればよいという意見がありうる。しかし，長期滞在が可能な人などごく少数である。さらに，単に滞在期間の長さのみが，この問題を解決するということであれば，指導者など必要がなくなってしまう。以下では，短期滞在において，できる限り「典型的な語

④ Production Amount and Prices

Buyer ＼ Variety	Arabica-Cherry (2018.11-12)		Arabica－Parchment (2017.12)		Robusta-GreenBeans (2018.3-4)	
	Amount (kg)	Average Price (kip)	Amount (kg)	Price (kip)	Amount (kg)	Price (kip)
Middleman						
Other Buyers ( )						

Buyer ＼ Variety	Typica (2017/18)	
	Amount (kg)	Price (kip)
ATJ (JOFC)		
Michael-USA (JCFC)		

Buyer ＼ Variety	Arabica-Cherry (2018.11-12)		Robusta-Cherry (2018.1-2)	
	Amount (kg)	Price (kip)	Amount (kg)	Price (kip)
AGPC				

※できれば、その前の年の収穫量と値段まで分かるとよい。

Buyer ＼ Variety	Cabbage		Chinese cabbage	
	Amount (kg)	Average Price (kip)	Amount (kg)	Average Price (kip)
Middleman				

⑤ Variety of Crops in this Household (Check the every crops)

図 3-1　家計調査票の一部

図 3-2　家計調査の様子

り」から脱する方法として，まずテーマとしている問題が置かれた社会的文脈に焦点をあて，その文脈理解を促すために実施される「家計調査」について紹介する。

学生たちは 4 人程度でひとつの班をつくり，フェアトレード農協に加盟しているコーヒー農家を訪問し，教員から与えられた「家計調査票」を用いて，世帯構成員数や農地面積，コーヒーの売却量や売り先，主要な支出などについて通訳を介して尋ねる（図 3-1）。これを渡航期間中に 3 回程度，繰り返す。たとえば，4 班あれば，3 回繰り返すことで，12 パターンの農家の家計状況がわかる（図 3-2）。

一見，この方法は量的調査に近く，質的調査として認識されがちな人類学のフィールドワークとは異なるように見えるかもしれない。しかし，ここで主眼とし

図 3-3　ミーティングの様子

ているのは，数値の把握よりむしろ，生計戦略のパターンの多様性を理解することである。同じ所得であっても，子どもが 10 人いる世帯と 2 人の世帯では欠乏感は異なるだろう。同じ所得と同じ子どもの数であっても大学に通っている子どもがいる世帯と小学校に通っている子どもだけの世帯でも負担感は異なるだろう。

また，どのような品質の豆でも買ってくれるが，買取価格が低い仲買人にコーヒーを売る農家と，加工のための作業が追加で必要になるが，比較的高い価格で買い取ってくれる農協にコーヒーを売る農家がある。そのどちらを選ぶかは，農家ごとに異なる。こうした判断は，農家ごとに異なる多様な資源（家庭内労働力や想定される収量の多寡）の状態に依存する。

学生は家計調査の結果をその日のうちにまとめ，毎晩のミーティングで発表する（図 3-3）。4 班あれば，その日のうちに 4 つの家計のパターンを知ることができる。このミーティングでは，家計パターンの違いを踏まえて，わたしがなぜそのような違いが生まれているのかを解説する。この結果，勘のよい学生は翌日，別の家計を調査したときに，自分なりに結果を解釈できるようになる。夜のミーティングでは，その解釈を聞いて，わたしからその妥当性について見解を述べる。これを繰り返すことによって，学生はコーヒー農家の生計戦略について，比較的深く理解できるようになる。この調査は専門的な調査法を身につけるというよりも，現地の農家のものの見方により近づくよう認識の仕方に変容をもたらす手段として位置づけられている。

■ 3-2　文脈理解を通じて「わからない」という異和感を抱く

家計調査のなかには，家族構成や出身地を聞く項目がある。この家族に関する情報だけでも，多くのことが学べるようにしてある。たとえば，聞き取った家族構成のなかで，核家族ではないパターンはかなりの頻度で見つかる。ある班は，夫婦と息子 1 名，娘 2 名，娘の配偶者とその子ども 2 名の計 7 名で構成されている家族の事例を紹介してくれた。いわゆる直系家族である。しかし，話を聞いていると，娘夫婦は普段は同じ敷地内の別の家屋で暮らしていて，食事のときだけ両親の家に来るという生活をしていることがわかった。

こうした事例が出てきた場合，わたしはこの地域で一般的にみられる屋敷地共住集団（妻方居住とそれにともなう土地相続や共同関係）の概念を説明する（Mizuno 1968; 口羽・武邑 1983）。もっとも，わたしは学生の調査結果に応じて必要な説明を加えるため，毎年同じ説明をするわけではない。しかし，屋敷地共住集団という考え方に当てはまる事例は，多くの頻度で出てくることになるため，結果的に毎年，こうした事例が出てきた段階で説明することになる。

肝心なのはこの居住形態の違いが，貧困問題の文脈を形成しているという点を強調することである。ここでわたしは，この事例の娘夫婦は独立した世帯といえるのかと学生たちに問う。もし独立した世帯と考えるなら，毎回の食事を親に頼っているという意味で，「貧しい家族」のように解釈可能かもしれない。しかし，そもそもこの地域では，結婚後，しばらくは両親と同じ屋根の下で暮らし，両親の農地で農作業を手伝いつつ，一定の期間を経て同じ敷地内に若夫婦の家屋を建て，農地を分割してもらう。その後，自分たちのコーヒーの木が成長してある程度の収入が得られるようになるまで，両親と食事だけは一緒にするとか，お金を借りたりするなどして依存する。こうして徐々に独立した世帯を築いていくのである[1)]。このような段階的な世帯の独立過程は，この地域に一般的にみられるものである。この説明を通して，家屋が別だからという基準で，この分離過程にある世帯を「独立した世帯」として分類してしまうという誤謬に気づいてもらう。

もっとも，「貧しさとは何か」という問いを回避して，こういった説明をしているので，この若夫婦の家族を「貧しくない」と断定するのは避けるようにしている。「貧しさとは何か」という問いは，一言で答えられるものではない。いくつかの基本

1）こうした説明は，参加学生全員が同じ村を訪れ，同じものを見ているから可能になる。妻方居住や屋敷地共住集団といった概念について，渡航前に「文化人類学」の講義でも説明を受けるものの，学生の理解の深さはまったく異なるだろう。

文献を読んで長い時間をかけて考えてもらう必要がある。むしろ，この短期間の現地滞在で重視しているのは，このわからなさという異和感を抱え続けたまま帰国してもらうことにある。もし，ここに強い関心をもつ学生がいるならば，帰国後にしかるべき文献や該当する授業を紹介する。

わたしがこの家計調査を通じた貧困の文脈理解で重視しているのは，問題を簡単にわかったことにしないという点だ。これは多くの人類学者がもつエートス（倫理）ではないかと考えている。学生たちがもつ渡航前の「貧困」のイメージは極めてステレオタイプなものであるはずだ。現地滞在において，しかるべき仕掛けを通して，対象をまなざすことで，貧困とは何かがわからなくなる。ここで抱く異和感が強ければ，その後の学習への動機づけとして機能するだろう。

■ 3-3　文脈理解を促す手段としての家計調査票

この家族構成の話は文脈理解を促すための一例であり，家計調査の多くの項目において，同様の文脈理解が可能になる。たとえば，買取価格の高いフェアトレード団体にコーヒーを売らずに仲買人に売っている事例，毎年多額の借金をしている事例など，かなりの頻度で見出される生計戦略のパターンがいくつかある。これらすべてにおいて，なぜそうしているのかを問いかけつつ，わたしなりの解説をする。初回の家計調査では，一見，非合理な選択に対して，学生たちが「なぜその選択をしたのか」を聞くほどの余裕はない。しかし，わたしの解説を経たうえで，翌日以降の家計調査で同様のパターンが見いだせた場合，学生たちは「なぜか」と問えるようになる。

一方で，こうして農家の選択の背景にある論理を理解すると，今度はフェアトレードの効果とはいったい何かが問題になってくる。スタディツアーの行程を通じてフェアトレード団体が安定的かつ比較的高い価格でコーヒーを買い取っていることを理解できる仕組みになっている。しかし，それでもコーヒー農家は仲買人に売り続けるし，なかには巨額の借金を続ける人もいる。フェアトレードは，一般的に安く買いたたく仲買人を敵視している。また，巨額な借金の継続は，フェアトレードが目指す持続可能な生活とは真逆である。学生たちは家計調査を経て，次第にフェアトレードの効果について疑問を抱く。

貧困とは所得が少ない状態であるという単純な理解のままならば，フェアトレードによって高い金額さえ払い続ければ，貧困から脱出が可能になると考えるだろう。しかし，ラオスの農村に行き，家計調査を何度か繰り返すうちに，学生たちは貧困についてのイメージを更新することになる。それと同時に，フェアトレードの効果についても，単純には理解できないことを知る。ここでも「わからなさ」が重要となる。

わたしはフェアトレードが無意味だとは決して考えていない。学生にも，この点は強調している。ここを強調しなければ，学生はフェアトレードに対して否定的な意見をもつことになるだろう。しかし,「フェアであること」――それがどのような意味であれ――を目指そうとする意欲の喪失は，単なるニヒリズムをもたらすだけである。わたしはフェアトレードの対象者のおかれた生活状況をある程度把握したうえで，それでもフェアトレードにはどういった意味があるのかを考えるように促している。

家計調査をはじめ，この短期海外研修プログラムのなかには，学生に深い学びを促す仕掛けを複数用意している。しかし，これだけでは教員が学生に学んでほしいことを学んでもらっているに過ぎない。フィールドワークの醍醐味は，現場で各自，自分の関心にしたがって，対象となる社会や文化の特質について思考し，それによって自分のもつ固定観念を崩していくことにある。短期間のこの研修プログラムでは，帰国後のワークショップを通じて，この部分について掘り下げる。

4　学習デザイン②：省察による自己認識の相対化

次に，紋切り型の思考を相対化させるための二つ目の学びのデザイン（仕掛け）として，帰国後に実施される「体験の言語化」というワークショップを紹介する。

■ 4-1　日々のふりかえり

先述の通り，渡航中はほぼ毎晩ミーティングを行い家計調査の結果を報告する。それに加えて，一人ひとりの「ふりかえりスピーチ」を行うことにしている。その日に考えたことを参加学生全員の前で話すのである。これは学内の講義に置き換えればリアクションペーパーの執筆と同じ役目を果たす。このスピーチは，渡航時の日々の活動を経たうえで，もっとも記憶が鮮明なうちに，言葉にすることを意味する。このとき学生たちが気づくのは，同じものを見ても，違った捉え方があるということである。

毎日同じ村に行き，同じものを見聞きしていても，家計調査におけるチームワークに関心があったり，ラオス人学生との会話の難しさ，家計調査の些細な出来事,移動中の車のなかでの景色であったりと，実にさまざまなところに学生たちは注目している。こうして全学生の話を聞くことで，自分にはないさまざまなものの見方を学ぶのである。

こうした日々のスピーチの蓄積の上に，最終日の「2 分間スピーチ」がある。最終日の夜には，これまでのラオス滞在の体験を踏まえて，何を学び，今後どうしたいのかを語る。学生たちは，「支援の形って何だろう」「貧困って何だろう」と，自分の関心に引き付けて，一番印象に残った経験をもとに，考えたことを一緒に渡航した仲間に向けて伝える。このスピーチの内容をもとに，帰国後には 1500 字程度の報告書にまとめる。これで一通りのふりかえり作業はいったん終了する。

ここでのポイントは，毎日必ず一人 1 回は話すということである。20 人前後の参加者がいるため，ひとり 1 分間だけ話すように設定したとしても，すべてのスピーチが終わるまで結局 1 時間くらいを要する。なぜなら，わたしからの返答の時間が加わるうえ，毎日続けていると皆，長く話し出すことになるからだ。とはいえ，他の参加者が聞いているという緊張感があるなかで，ここで必ず 1 回，自分の考えを声に出すことによって，支離滅裂な断片的な印象ではなく，まとまった形で見聞きしたもの，考えたことを概念化できる。

だが，これは本格的な体験の言語化のための準備作業でしかない。しっかりとフィールドの知見について考えてもらうには，帰国後のワークショップが重要になる。

■ 4-2　帰国後の言語化：思考の枠組みを相対化する方法論の構築

このようなプロジェクト型の学習プログラムは，学内外で関心をもってもらう機会が多く，学生たちは学内のシンポジウムやゼミ，学外の講演など，複数の場所で活動を紹介してきた。そのなかで，わたしは単に活動紹介をするだけでなく，発表者個人が何を学んだのかを伝えるように指示を出していた。しかし，この個人の学びを発表させると，多くの場合，「たいへんな経験をして，自分は成長した」と要約してしまえるようなワンパターンな話ばかりが登場し，わたしは辟易していた。

こういった成長物語は本人にとっては語るに足る貴重な経験だったのかもしれない。しかし，それならわざわざ飛行機に乗ってラオスの農村まで行かなくても，日本国内でもよいではないかと思えてくる。農村の「不便」な場所で 10 日程度すごし，潔癖症がなくなったとか，苦手な英語が少し使えるようになった，仲間と協力することが大切だとおもったといった語りは，すべて成長物語である。ここに，ラオスの社会や文化について何かを学んだ形跡はみられない。

たいへん残念なのは，先述の日々の語りのなかでは，「貧困とは何か，わからなくなってきました」「支援って，いったい何だろう」といった，現地の社会や文化に触れることで自己の固定観念が崩れるきっかけとなる語りがあったにもかかわらず，その異和感なり疑問なりを深めることなく，帰国後には日常生活に戻ってしまうことである。せっかくこうしたきっかけが得られたにもかかわらず，日本国内で学習成果をプレゼンする段階になると，成長物語に還元されてしまうのである。

そこで，帰国後に数回にわたって，「体験の言語化ワークショップ」を行うことにした。このワークショップで念頭に置いたのは，「もとからできる学生だけができる」というものにするのではなく，誰でもある程度は「できる」ようになる方法を生み出すことにあった。この方法を通して，学生たちには思考の枠組みを身につけてもらう。もちろん，そうした方法を使ったとしても，想定していた成果が得られないこともある。しかし，思考の枠組み自体に自覚的になることによって，逆に人の思考を結果的に自由にさせることになるだろう。

先述の通り，異文化接触によって得られる印象は，どこか定型化されたものとなりがちだ。「物質的には貧しいが，心は豊かだ」といった印象も，本人は素直な自分の気持ちを語ったつもりであったとしても，それは特定の思考法に絡めとられている。人は自分がどういった思考の枠組みにしたがっているのかを普段，自覚してはいない。だからこそ，この枠組みを相対化させる別の枠組みを用意して，それにしたがって考えてもらうことを通して，異文化に対する多様な理解のあり方に到達してもらう必要がある。

そこで，わたしは早稲田大学平山郁夫記念ボランティアセンター（WAVOC）の教員たちが考案した「体験の言語化」の方法論を応用して，独自の方法を編み出し，実践している[2]。彼らの「体験の言語化」プログラムは，ボランティアなどの学生の個別の体験を通して社会的課題への気づきを学生に与えることを目的としている。そのための出発点となるのが，他者と接した際に受ける「違和感」である。たとえば，ボランティア団体で活動していてメンバーとかかわるなかで生じるメンバーとのわかり合えない齟齬を起点に，相手の発言や行動の背景にあるものを振り返りながら，相手に対する理解を深め，その状況を通して社会的課題を発見していくという手法をとる。

2）この背景にある考え方や具体的な方法については，（早稲田大学平山郁夫記念ボランティアセンター 2016）を参照されたい。

この方法論のなかで，わたしが注目したのは，「異和感」を思考の起点としているところである。というのも，異和感をもった瞬間こそが，異なる文化を自覚したときだからである。ただし，異和感の獲得だけで止まってしまうと，自己と他者のあいだの差異を強調するだけで終わってしまう。むしろ，重要なのはこの異和感を起点として，その対象となる出来事がどういった社会的条件や背景のなかで成立しているのかを想像することにある。同時に，その思考を通して，私たちの社会のあり方を捉え返すことができれば，単なる自他の差異を強調するだけではない学びが得られる。

付言するならば，WAVOC の方法論では，異和感から社会的課題に結びつけることが求められるが，わたしの場合は，むしろ異和感から自らのもつ固定観念への気づき，および自分たちの社会のあり方の問い直しをゴールとしている。

■ 4-3　異和感を起点とした思考を導く手順

以下では「体験の言語化」の具体的な手順を紹介したい。ワークショップは 4 回に分けて数名ごとにグループを作って行われる。初回には，海外研修時に記した日記やフィールドノートをすべて持参するように指示している。なお，今回は 5 分間のプレゼンテーションをアウトプットの方法として採用しているが，最終的な表現手段はレポートであってもよい。

1 回目　目的と概要の説明。研修時にえた異和感を列挙する。その後，教員と相談し，取り上げたいテーマとして一つを選ぶ。次に，①自分はどうして異和感をもったのか，②相手はどうしてそのような発言や行動をしたと思うかを考えてもらう。その際，それぞれ複数の理由を考えてもらう（図 3-4）。

2 回目　各自考えたことを黒板に書きだしながら発表してもらい，①と②が妥当なものかを教員とともに検討する。発表後に考えを修正・発展させたうえで，5 分間のプレゼンテーションに向けて，話の流れを作ってもらう。

3 回目　5 分間のプレゼンテーションの流れを黒板に書きだしながら発表してもらい，教員と相談し順番の入れ替え，追加・削除箇所の検討をする。その後，修正を反映させつつ，各自，発表原稿の執筆やスライドを作成する。

4 回目　各自 5 分間のプレゼンテーションを行い，聴衆からのコメントをもらう。

以上の過程を経て完成させるのだが，一部の学生は 4 回で終わらず，後日，研究

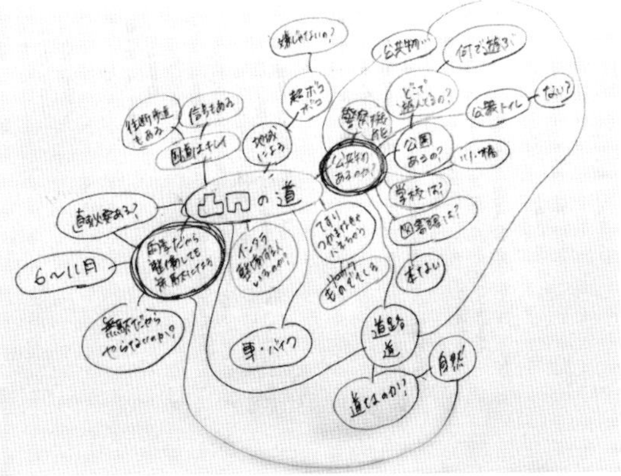

図 3-4　マインドマップ方式によるアイディア出し

室で個別に指導することもある。最終的には，1 年生や学外の関係者を招待し成果報告会を実施し，そこで学生はプレゼンテーションをする。したがって，学生には渡航していない人にわかるような言葉で説明することを心掛けてもらう。

■ 4-4 「体験の言語化」プレゼンテーションの事例と解説

これまで 20 名程度の学びの成果を生み出してきた。たとえば，「老人」がいないという異和感から，ラオスの農村社会における「高齢者」の意味を考え，自身の「高齢者」のイメージを相対化させる語りを生み出した者，のどかに見えるラオスの農村社会になかでも，真偽の不確かな情報に振り回されている人たちの姿を見て，自分たちの社会と変わらない側面を発見したという語りを生み出した者など，「この異和感からそう考えたのか」と，わたしも「なるほど」と唸る成果がいくつか出てきた。

教員としてのわたしの役目は，学生の考えを聞きながら，考えがおかしな方向にいかないように，「水路づける」対話をすることにある。答えらしきものをいうのではなく，まずは「本当にそういう考えでいいのか」という問いを出し，相手の反応を待ち，どうしても回答が出てこないときのみ，ヒントとなるようなアイディアを提示する。それを受けて，どのように考えるかは学生次第である。

以下では，数ある成果のなかの一つを紹介したい。掲載にあたってとくに修正をしていないので，粗削りな部分も多いが，受講生がどの程度できるのかを知るには，よい手掛かりになる。社会学部3年（当時）の林 琴乃は，2016年の渡航後のワークショップを経て，「第三者の視点」というタイトルで，次のようなプレゼンテーションをした。

＊＊＊

わたしは「第三者の視点」というテーマで話したいと思います。

これ，わたしなのですけれども（写真を指す），ラオスに渡航する前のわたしは，何も考えずに，写真にあるようにただただ楽しくすごしていました。でも，大学一年が終わるころ振り返ってみて，このままでいいのかなって，毎日楽しかったけど，充実していなかったし，当たり前のように毎日すごしていて，はたしてこのままでいいのだろうかと思いました。

そこで何か打ち込めるものが欲しいなと思って，せっかく社シス（注：社会文化システム学科）に入ったのだから，エフラオ（注：授業内に作っている団体名）ってのがあるし，それに入ってみよう，とりあえずラオスにいってみようという考えに至りました。

これがラオスに渡航した時の写真なのですが，まず驚いたのがこのガタガタの道です。どうしてガタガタなのだろうと思って，現地の人に尋ねたところ，雨季の時期は整備しても，意味がないと聞きました。日本では整備して当たり前と考えてしまうのですが，ラオスの場合は，このように自然に委ねています。（一方で）日本は暮らしやすく（するために），自然を変えているのではと思いました。

次に驚いたのが放し飼いの犬です。日本だとリードをつけてお散歩に（連れて）行ったりしますが，ラオスでは犬が放し飼いにされていて，すごく生き生きとしていいます。これ牛の後を追っかけている犬の写真ですが，自由奔放だなと思いました。

次に命の勉強でもあり，ラオスの生活を実体験するということで，鶏の屠殺をしました。こちらは屠殺された鶏の毛をむしり取る作業をしています。屠殺される鶏を目前に，友人たちは「かわいそう」とか，「絶対，やだ」とか，「やめよ，やめよ」って言っていたのですが，わたしはこの言葉に異和感を覚えました。というのは，「だって食べているよね」と思ったからです。

スーパーでよく見るパックに入った肉は，殺されているわけです。でも，ここにいる皆さんも，屠殺とか，毛をむしり取る作業って聞いた時に，「かわいそう」とか

「絶対やだ」と思った人はいると思うんです。というのは，（普段の生活では）殺されているとは考えもしないし，殺されて命を頂いているという意識もないからです。ここを切り離しているから，「かわいそう」とか思うのでしょう。こうして（わたしは）命の勉強をして，「いただきます」や「ごちそうさま」の本当の意味を考えさせられました。

でも，ご飯食べるときもこういうことなんだな，と最初のころは思っていたのですけれども，渡航後，今となっては食べるのに夢中になって，「いただきます」や「ごちそうさま」（の意味）を考えなくなってしまいました。というのは，それほど日本の社会で，命を犠牲にしているという意識をもてないほど，何でも簡単に手に入れられてしまうからだと思うのです。

で，渡航後しばらくして，わたしは水族館に行ったのですけれども，素直に楽しむことができませんでした。というのは，魚やペンギン，イルカの本来の姿を失わせて，それらを見世物にしているんだなと思ったからです。そこで水族館に異和感を持ちました。

これらの体験を通して，日本は「人間」と「自然」の間に境界線が引かれていて，ラオスでは「人間」と「自然」が融合しているのではないかと気づきました。日本だと人間が暮らしやすく，自然を変えて，犬にはリードをつけて，（人間の）言いなりにさせて，少しかわいそうというか，自由を奪っている。そして，当たり前のように食べている鶏は，目の前で殺されようとしていると「かわいそう」と感じてしまう。ラオスで「いただきます」の意味を理解しても，日本に帰ってくれば，忘れてしまう。この日本での生活は人間がすべてを操る「王様」のような“創られた社会”なのではないかと感じました。

日本から少し距離をおいてラオスで生活してみて，第三者の視点で日本をみることができました。第三者の視点に立つことで，日本の社会に疑問の目を向けることができました。今まで何も考えずに当たり前に過ごし，既存の考えや生活，社会を疑わずに，日本（のやり方）が正しいとか，先進国だから幸せだとか，豊かだとか，そう決めつけるのは怖いことなのだと思います。これでわたしの発表を終わります。

＊＊＊

林の場合，複数の異和感の背景にあるものを考え，ひとつの観点のもとで統合している点が興味深い。最初に道路が極端にデコボコであるという点に異和感をもち，その背景にあるものとして，雨季の間は何度整備してもすぐに元のデコボコに戻ってしまうから何も手を付けていないという住民の語りを紹介している。つぎに，鶏の屠殺の場面において，友人たちが「かわいそう」だといったことに対する異和感を挙げている。その背景に日本社会では屠殺の場面が日常生活から切り離されていて「命のありがたみ」を考えるきっかけがないことに気づいている。

そのうえで，林はそれぞれの事例から見えてくるものを，「自然と人間の融合」と「自然と人間の分離」という概念を用いてまとめている。このように一般化できたことによって，犬の放し飼いの話や帰国後の水族館の話が，この対概念の妥当性を補強するエピソードとして結びつけられた。

もっとも，ここまで至る過程には紆余曲折があった。林はデコボコ道についての異和感から，どういうわけかラオスの農村社会には「公共的なもの」がないと言い出したのだが，わたしは，「公共的なもの」とはどういう意味で使っているのか，そして本当にそういえるのか考え直してみるように伝えた。その後，考えが行き詰ったところで，林は屠殺のときに，友人たちが「かわいそう」と言っていたことに共感できないという話をしてくれた。そこで，わたしが「どうしてか」と問い，考えてもらう過程で，食肉処理のあり方が自分の見てきたラオスの農村と日本社会ではどう違うのかという話をしたときに，林は上記した自然と人間が切り離されているかどうかということを言い出したのである。ここまでくれば，あとはこれまでのエピソードが，この観点からすべて結びつくことに気づき，プレゼンテーションの流れは完成した。

付言すれば，林は渡航経験を経て日本の水族館の展示のあり方に異和感をもった。ここでは，渡航先の相手の側に身を置き，相手の側から日本での経験を振り返ることができている。友人の学生たちの「かわいそう」という発言への異和感も，同様の視線のおき方であるといえる。このように，日常から離れ，異なる社会に数日身を置くだけで，ものの見方は自然と変わってくることがある。こうした視点の置き方ができるようになれば，自分の生きる社会とそのなかで培われてきた固定観念から距離を置き，少しでも自由な思考が可能になる。これは短期海外研修の醍醐味のひとつだといえる。

もっとも，ここで語られていることはラオスに特有の話ではなく，農村社会一般にいえるのではないかといった批判的なコメントは出てくるであろう。だが，異和感を起点に，彼らの社会のあり方を想像しつつ，私たちの社会のあり方を見つめなおすという思考を，自分なりに展開できてはいる。「都市化とは自然環境から人間を切り離すことにつながる」といった類の話は，これまでも繰り返し語られてきたことであろう。しかし，誰かから教えられたのではなく，自分の経験を通して，このような結論に自ら到達するということが重要なのである。経験を通した学びとは，こういう思考を自ら紡ぎだせるようになることなのである。

5 「反－反設計主義」としての短期海外研修

本章で述べてきた二つの方法論は，渡航先の社会や文化を短期間にもかかわらず，よりよく理解しようとするなかから生まれた。短期間の滞在では，ものの見方に自覚的にならなくては，自分の固定観念を再生産するだけになってしまう。そこで，それを乗り越えるための授業設計の仕方についての試論を展開してきたのである。

本書の第2章では，多くのフィールドワーク教育が調査方法の学習に傾き，人類学者が経験的に習得してきたフィールドワークのあり方を伝授することから離れているのではないかという疑問を呈した。そのなかでは，あらかじめ設定した調査テーマに従ったデータ取得とその後の分析という授業設計のあり方から距離を取り，フィールドで起こっていることに内在して，現場を理解していく方向性を提示した。この方向性にしたがえば，フィールドでの出会いや発見に導かれながら，その状況に身をゆだねることになるだろう。これもフィールドワークの大きな魅力であることは疑いない。

だが，こうした反設計主義的な立場は，海外の短期滞在という制約のなかでは，その魅力が半減してしまう。むしろ，事前に調査計画を設計するのとは異なる意味において，学生の学びを促進するためのプログラムの設計をしなくてはならない。こうしたプログラムの設計によって，はじめて海外の短期滞在という条件のなかで，文脈理解や内省性といった人類学者が経験してきたものの見方や思考法の一端を，学生に学んでもらえるのではないかと考える。これをわたしは「反－反設計主義」と呼んでみたい。

短期かつ集団で海外を訪れるという状況では，人類学者が行ってきたフィールドワークの指導などできないと考える人たちはおそらく多いだろう。それはある程度，認めざるを得ないとしても，反－反設計主義という立場から，渡航プログラムのあり方を工夫すれば，人類学者として学生に学んでもらいたいことの一部は伝えられると信じている。私たち人類学者は，フィールドで驚き，フィールドに学び，フィールドに育てられてきたはずである。私たちのこうした経験は，教室での講義やゼミではなく，短期海外研修という形において，より深く学生たちと共有できるのである。

参考文献

Mizuno, K.（1968）. Multihousehold Compounds in Northeast Thailand. *Asian Survey 8*: 842–852.

口羽益生・武邑尚彦（1983）.「「屋敷地共住集団」再考——東北タイ・ドンデーン村の追跡調査（中間報告）」『東南アジア研究』*21*(3): 288–308.

箕曲在弘（2014）.『フェアトレードの人類学——ラオス南部ボーラヴェーン高原におけるコーヒー栽培農村の生活と協同組合』めこん

箕曲在弘（2017）.「海外スタディツアーにおける授業づくり——アクティブラーニングにおける「関与」を中心に」子島　進・藤原孝章［編］『大学における海外体験学習への挑戦』ナカニシヤ出版

早稲田大学平山郁夫記念ボランティアセンター［編］（2016）.『体験の言語化』成文堂

column ①〈新しい能力〉と PBL

2000 年代に入り，知識偏重の学力観を批判する文脈のなかで，多様な能力観が提起されてきた。「社会人基礎力」「学士力」「就業力」「エンプロイヤビリティ」「生きる力」「キー・コンピテンシー」など，文部科学省は言うに及ばず，日本経済団体連合会のようなビジネスセクターや経済産業省，さらには経済協力機構（OECD）までも，問題解決力や思考力，表現力といった，新たな観点から時代の変化に対応した能力指標が打ち出されてきた。

こうした知識偏重を批判するさまざまな能力のことを，教育学者の松下佳代は〈新しい能力〉と呼んでいる（松下 2010）。もっとも，この〈新しい能力〉は，さまざまな方面から批判を受けている。たとえば，社会学者の本田由紀は，これまでのように学歴という客観的に把握可能な能力だけでなく，今日ではコミュニケーション能力や問題解決力といった評価しづらい能力まで，多元的な能力が求められるようになっていると指摘する（本田 2005）。なかでも「生きる力」のような定義があいまいな能力は，どのように努力すれば身につくのかが明確ではないなど，さまざまな問題を孕んでいる。

とはいえ，日本社会が多様な意味においてグローバル化していくなかで，人びとはどのように生きるべきかを自分自身で考えていかねばならず，そのために必要となるスキル・能力は，これまでの学校教育が提供してきたような教科書のなかの知識を理解するだけでは足りない。こうした現状認識は多くの人びとに共有されている。この流れのなかで〈新しい能力〉を求める動きを止めることは難しいだろう。

このような背景を踏まえるならば，本書の掲げる PBL を通した自己変容型フィールド学習が，〈新しい能力〉の伸長にいかに寄与するかを考えることも重要だと言えよう。たとえば，松下は〈新しい能力〉のひとつである OECD が提起した「Education 2030 プロジェクト」の能力概念を知識，スキル，人間性という三つの次元に分けて捉える（松下 2016: 4）。PBL を通した自己変容型フィールド学習は，これら三つの次元の能力を満遍なく涵養していくことにつながるはずだ。

教室の外の異空間において，何らかのテーマに基づいて，関係するさまざまな対象者から話を聞いたり，観察したりして，問いそのものを深め，何らかの答えを探していく（＝何を知っているか：知識）。この過程で，まさにあらかじめ書物を通して得た知識が，特定の現場において使えるかどうかが問題になる（＝知っていることをどう使うか：スキル），そしてフィールドワークに参加する仲間や対象者と特定の場所において目標達成に向けて深くかかわっていく（＝社会のなかでどのようにかかわっていくか：人間性）。批判的思考力や協働性，思いやり，リーダーシップ，逆境を跳ね返す力など，フィールドの状況に巻き込まれていくことによって，学生たちは自然とこうした要素を身につけていくことになる。

もっとも，自己変容型フィールド学習を実践するなかで，これらの能力の伸長をどのように測っていくのかという問題は残る。だが，〈新しい能力〉という概念は，私たちの社会の流動性が高まり，多種多様な人びとがお互いの利害を調整し，創意工夫しながらすべての人にとって生きやすい社会を築いていかなくてはならないなかで，ますます求められるようになる。そのなかで，自己変容型フィールド学習がどのように〈新たな能力〉を伸ばしていけるのかを，実践を通して今後検証していく必要がある。

（箕曲 在弘）

【参考文献】

本田由紀（2005）.『多元化する「能力」と日本社会――ハイパー・メリトクラシー化のなかで』NTT 出版

松下佳代（2010）.『〈新しい能力〉は教育を変えるか――学力・リテラシー・コンピテンシー』ミネルヴァ書房

松下佳代（2016）.「これからの社会に求められる能力をどのように捉え，どのように育むべきか」『VIEW21』2: 3–5.

第4章

偶発性を生み出すフィールド教育

学びが生まれる余白と異種混交性

小西 公大

1 予定調和的フィールド教育からの脱却：フィールドと実践知

「フィールド教育」といった場合，それが何を指すのかは人それぞれの感覚によって大きく異なるだろう。フィールドとは「現場」のことであり，対置される語彙は「室内」となる。つまり，学校の校舎やラボラトリーなど，教育機関の施設内部で行われるもの以外のすべての教育活動がフィールド教育となる可能性を秘めている。それは修学（研修）旅行やスタディーツアーのような「視察型」もしくは「体験型」の教育から，自然科学分野で行われるような「野外実習」，言語学や民俗学などで行われる短期の「調査実習」，現地の人々との協働のなかで地域開発や文化調査を行う「社会調査」といったものまで，広くカバーするものとなっている。

近年では教育にPBLやアクティブラーニングの手法が盛んに取り入れられつつあり，特定の社会課題をベースに現場に関わるパターンも増えている。「地域振興」「地域創生」「地学連携」などの流行り言葉が教育機関に浸透しはじめており，これからの時代ますます「地域＝フィールド」へと学びの領域を拡大していく動きは大きくなるだろう。そのなかで，フィールドワークという用語はより包括的で多様な営為を含みこみながら，その重要性を増すことになる。

どのような形であれ，フィールドワークというものは，座学で得ることのできない多様な学びの契機を含みこむものであり，その学びの進展を一定の評価軸でもって断じることができないものである。「フィールド」の面白さ，重要性は，予定調和的ではないことであり，多様な他者（外部環境）との関係性によって成り立つものであり，また何が起こるかわからない偶発性を含みこむものであり，単線的な因果関係が支配する世界ではない。つまり「答えのない世界」における立ち居振る舞いであり，世界や他者との対話であり，交渉である。フィールドは，調査者が事前に想定していたリサーチ・クエスチョンとのミスマッチが起こる現場でもあり（山本 2009），その意味で，固定的で静態的な「知識」や「スキル」だけでうまく立ち回ることは難しく，より有機的で総合的な「パフォーマンス」が必要とされる現場といえよう。したがって，数値化することの可能な認知能力を求める意識は後景化し，包括的な人間力や行動・思考様式（＝コンピテンシー）が高められる場としての意義が浮上してくる。もちろん，座学で得ることのできる知識が無駄だというわけではない。蓄積された「知識」や「スキル」が具体的な世界のなかで息づき，実践によって自らの血肉となっていくような場，つまりフィールドが教育の文脈で大きな意味を持ち始めている。「形式知」が「実践知」へと変換されていくプロセスを生みだす場としても捉えられよう。

2 偶発性を生み出すプラットフォーム

繰り返しになるが，このような知のあり方や能力は，具体的な世界・他者との対話や交渉を通じて培われるものである。暗記中心の学習活動で得られた知識は，目前で繰り広げられる，刻々と変化をし続ける社会情況や文脈との折衝のなかで「生きた知識」となり，経験と蓄積されていく実践知は，人間の思考力と判断力を鍛えることにつながる。フィールドは，合理的，論理的な思考を超えて広がる世界との対峙であり，論理，情動，認知，身体といった多様な要素が結合した場である（バークレー 2015: 83–86）。こうした空間による学びとは，行動力と思考力を試されながら，「わからないこと」のなかで右往左往することから生み出される総合的な知の基礎体力を構築していくことにほかならない。

また，こうした学習のベクトルは常に多方向的であり，ゴールは存在しない。なぜなら，フィールドでの学びは，学生たちの個別の特質や能力に沿った拡張性をもたらすものであり，それを一定の方向に誘導すること自体が不可能なものだからだ。その意味でフィールド教育は，特定の学びを生み出すことを重視するのではなく，「学び方を学ぶ Learn to learn」ことが肝要となる。

このような思考力，言い換えれば「学び方を学び，実践に変えていく能力」の拡張こそ，本書でいうところの自己変容と位置づけたい。「自己変容型フィールド学習（SFL）」とは，つまるところ学びの道筋そのものを個別化し，学生一人ひとりが自らの思考力を携えて歩き始める（自己変容の道をすすむ）のをサポートすることなのである。

ではフィールドに出れば，誰もがこのような変容を遂げることができるのだろうか。おそらく本来的に感性の高い学生は，現場で繰り広げられる複雑な世界との相互関係に敏感に対応することができるかもしれないが，多くの学生たちは，経験したことのない外界からの刺激にたじろいでしまうか，そのフィールドを下支えする微細な文脈に切り込むための準備ができていないことの方が多い。かつ，自身がこれまで構成してきた「なじみの世界」における認識を他者に当てはめ，表層的な共感に止まってしまう可能性もある。したがって，学びを「アクティブ」なものへと変換してくためには，ただフィールドに連れていくというだけではなく，ある程度の学びのプラットフォームが必要とされる。つまり，世界との対話を生み出すための教育の枠組みの構築が重要な鍵となる。

一方で注意をしなければならないのは，学びの枠組みを教員が事前に構築し過ぎてしまうと，学習が予定調和的なものへと囲い込まれてしまう危険性があるということだ。あくまでも学生個人個人がもつ特質や感性を生かすことのできる「余白」を多く含んだプラットフォーム，半構造的で緩やかな学習デザインが必要とされているのである。さらにいうと，学習デザインそのものは，世界を切り取るための入り口を設けるということであり，その先に広がる学びの射程は，当初の入り口を再構成しながら（時に解体しながら），自らの探究の筋道を見つけ出すための「きっかけ」に過ぎないのかもしれない。

本章ではこうした背景から，特に「偶発性」をキーワードにしてフィールド教育の可能性を考えていきたいと思っている。偶発性とは，思いもよらなかった事象であり，世界との対話のなかで生じる想定外の事態のことだ。あらかじめ設定された課題と解決に取り組むだけではなく，自身が課題そのものを見つけだし，その複雑な世界へと歩を進めていく。事前学習等で得られなかった込み入った状況や，想定されていたテーマや仮説とはズレる情報や人々の思いが溢れてくる。またフィールドにおいては，人々はあくまで状況に応じた柔軟な生き方をしているため，事前学習における情報の収集や理論構築だけでは切り取ることのできない現象のオンパレードとなる。まさに「状況論的」で「偶発的なアドリブ」が繰り広げられている場なのである（竹川 2017: 126–128）。言い換えれば，フィールド＝世界は，常に逸脱し，思いも寄らない場所へと人々を誘おうとするのである。

人類学におけるフィールドワークの方法論では，事前に想定した仮説が覆され，現地において新たな問題意識が生み出され，醸成されていくことが推奨されてきた。これまで蓄積されてきた「理論」の数々は，複雑で入り組んだ社会や文化のあり方を，抽象度を上げることで「縮減」し，見通しのよい理解へと導くことを可能とするものが多い。しかしこのような理解の枠組みを，そのままフィールドに当てはめることは難しいことに気がつくだろう。そこには，例外や論理の逸脱，場面によって変転する人々の意識や，出会った他者ごとに繰り広げられる多様な情報開示と秘匿の力学が渦巻いている。世界は，自らが必要としている情報やわかりやすい因果律を提示してくれるものではなく，常にその内奥の深みと多様な領域にまたがった文脈の絡み合いに，学習者（他者としての我々）を導こうとする。

我々が生きる生活空間は，そもそも自然界の法則ほどに明確な因果律によって構成されているわけではない。入り組んで絡み合った現象の要因を解きほぐしたり，全体像を把握しようとしたり，細部に拘泥したりしながら，我々の世界認識は（ミクロとマクロを横断しながら）構成されていく。それまでに構築してきた認識の幅が，その都度の新たな状況的対話のなかで拡張されていく。この過程こそが，不測の事態に対応しようとする意思や発想力を培っていくことにつながる。これが学びの本質であり，人間が不確実性に溢れた世界を生き抜いていくための特性＝コンピテンシーを拡張させていくものである。

こうした発想は，自然科学やビジネスの領域では「セレンディピティ Serendipity」というワードで表現してきた。新たな価値を生み出すのは，合理的判断や既存の論理に沿った「あるべき」世界からみる視点ではなく，たまたま出会ってしまった想定外のモノや状況を引き受ける，解像度の高い世界認識と，常識からできるだけフリーでいるためのマインド・セッティングである，と。もしくは，周辺的で偶発的な関心こそが知性を活性化させることにつながるという（たとえば，外山 1986）。本章で偶発性を取り入れたフィールド教育の必要性を主張するのは，不透明な現代社会に必要な思考力の拡張は，このセレンディピティ的な特性をもっているかどうかにかかっていると考えるからだ。

したがって，フィールド教育は，あらかじめ決められている課題に沿って情報をかき集め，現場で得られた知識をまとめた報告書を作らせることを最終目的とするのではなく，教員も含めた参加メンバーが，フィールドで何を見いだし，何を考え行動し，どのように世界認識の幅を拡張させることができたかを主題とした学習を生み出す方法論となる。そのためには，前述の通り，フィールド教育をあらかじめ答えが想定されている予定調和的なものにしてはならず，偶発性を誘い込むような余白や，事前に設定した課題や仮説が揺さぶられていくような，「曖昧」で「ゆるい」学習設計を基本としなければならない。

しかし一方で，その学習設計は自由であればあるほどいいというものではなく，世界との対話を生み出すような，探究の入り口となるような基本的タスクの設定も重要となる。なぜなら，この場合の「自由」は，調査者の既存の世界認識の範囲内における情報蒐集にとどまらせる危険性をはらんでいるからである。必要とされるのは半構造的なフィールド実践をスタートラインに設定することであり，逆説的ではあるが「想定外を生み出す想定」をデザインすることである。

3　異種混交性をデザインする

フィールドワークのテーマや目標を半構造化することとともに，偶発性を取り入れるためのもう一つの工夫として，調査プロセスに異種混交性を組み入れるという方法が挙げられる。異種混交性とは，フィールドワークを遂行する上で必要な（接触するべき）他者をできるだけ複数化することで，所属や年齢，発想や意志，調査に関わったプロセスや目的などが異なったアクターを混ぜ込み，交渉や対話の契機を（否応がなく）増加させていく状況を指す。この状態は調査者のみならず，調査の対象，調査の協力者などをも組み入れ，なかには「たまたま」出会った，調査とは直接関連しないアクターとの折衝をも混入させる可能性を想定している。これは，現地の人々との協働を生み出すような「関与型」のフィールドワークでは必然的に起こる状態であり，特に「地域開発」や「地学連携」などの文脈では避けて通ることのできない状況であることはいうまでもない。

本章でとりあげる事例では，参加学生がそもそも複数の大学・複数の専門領域にまたがっており，互いに初見のメンバーが多いこととともに，調査のプロセスや「地域活性化」の文脈で出会う現地の方々，NPOや行政関係者など，多様な帰属と意志・目的をもったアクターが絡み合う様子がみてとれる。特に，違った生活環境で育ち，違った生活リズムをもつ人々との共同生活は，思いも寄らない感覚のズレや困難を生み出すし，遭遇する多様な人々との折衝は，仮に目標（「地域を良くしたい」など）が同一であったとしても，描くビジョンから解決方法に至るまで，想定外の反応を返してくることになるだろう。

これに対し，旧来の社会調査にみられたような学習デザインの場合は，調査目的や明らかにしたいテーマ，質問項目から調査対象者までが事前に設定されており，

図 4-1　多様な主体への聞き込み

現地では決められた他者（多くの場合「過去の民俗」を記憶している古老）から必要な情報を入手するという作業が繰り広げられることになる。当然そこでも調査対象者は「自らの語りたいことを語る」という偶発性をもつのだが，このように構造化されたフィールドワークにおいてはできる限りそれをノイズとして排除し，調査計画に沿った内容のみがフィールドノートに記載されていく，というのは良くある話だった。学生たちは事前に決められた質問項目を埋めることを課せられていたのである（虎の巻とされる吉川弘文館『民俗調査ハンドブック』はこうした調査の構造を強化してきたものといえる）。

調査デザインを半構造化していくことの重要性とつながるが，テーマの揺らぎへの注目や調査目的の曖昧化は，フィールドワークに偶発性を呼び込むための方途となる。偶然出会った対象者との関係が，事前に構成された調査デザインそのものを大きく変動させていく力として駆動するからである。調査のプロセスは，どのような他者とどのような出会いがあったかによって変化し続けることになる。「地域創生」の文脈では，協働する他者の多様性は，思い描く未来観のズレや意見の対立，関わり方の積極性の差異（＝温度差）を生み出し，学生たちはその複雑さを前にしてたじろぎ，どのようなコンセンサスを創出することができるか思い悩みながら他者との交渉を続けることになる。

異種混交性は，時にこのような「どうにもならなさ」を生み出すとともに，複雑な交渉過程のなかで，自身の意思やポジションを模索しながら，錯綜したリアリティを整理して言語化しようとする知的な基礎能力を高めることにつながるのだ。

4 新潟県佐渡市におけるフィールド教育

ここでは，これまで記述してきたフィールド教育における「偶発性」と「異種混交性」の事例として，筆者が関わってきた新潟県の佐渡島における調査実習を紹介しつつ具体的に明らかにしていきたい。

筆者の佐渡島におけるフィールド教育の実践は，10 年前に始められた，廃校舎の再利用活用を目的とした研究型プロジェクトである「廃校プロジェクト」がベースとなっている。このプロジェクトは，全国で増殖し続けている（主に小・中学校の）廃校舎を再活用することによる地域振興のありかたを，研究のみならず実践的な関わりを通して模索していこうとする活動として，筆者（当時東京大学東洋文化研究所）と，門田岳久（立教大学），杉本浄（東海大学）の 3 名で立ち上げたものである。特徴的なのは，地域開発に関する学術的研究と，開発に関わる多様なアクターを結びつけつつ自らも参加し行動する活動，さらには（調査実習という名の）大学における学生教育という三つの営為を同時進行で行っていくことである。

廃校となった小学校や中学校は，かつてその周辺の複数の集落を「学区」という枠組みで結びつける役割を果たし，そこでのさまざまな行事や教育支援のあり方は，子どもを媒介として地域のネットワークを構築していく，いわゆる「コミュニティ・ハブ」として機能していた。廃校となることは，地域から学校が消えるという心的な喪失感が問題になるのみならず，従来少子高齢化や過疎化などと呼ばれてきたような社会工学上の問題を加速させることになる。本プロジェクトは，廃校舎の再利用という目的で地元の人々を再度束ね，かつてのように関係のネットワークを持続可能なものへと変質させていくための方途を模索することを目的として掲げていた。学生たちは，廃校舎をめぐる人々の反応や意識をエスノグラフィー（民族誌）としてまとめ上げ，かつ廃校舎再利用のための具体的な企画を行う運動の主体としても活躍を期待されていた。

参加メンバーは，プロジェクトを立ち上げた 3 名の教員が所属する（していた）首都大学東京，立教大学，東海大学の三つの大学の学生を核とし，そのほか武蔵大学，千葉大学，慶應義塾大学，東京学芸大学など，広く有志の学生たちを集めて行われてきた。各大学の学生たちは，プロジェクトの開発関連事業である「二見夏学校（廃校舎を用いた地域の子ども達の教育事業）」「二見学園祭（廃校舎を活用した地域イベント)」「アースセレブレーションにおけるワークショップ（公益団体が主催するイベント内の地域教育事業)」などの活動に参画しつつ，メインとなる社会調査に関わった。

2016 年からは，南佐渡の小木半島に位置する宿根木集落の「佐渡国小木民俗博物館（旧宿根木小学校)」を利用した，地域の文化資源を教育の文脈に生かす「ふるさと学習」事業をスタート。それとともに，晩年佐渡に足しげく通い，地域振興に尽力した民俗学者宮本常一が撮影した写真を使ったフィールド教育（通称「宮本写真プロジェクト」）を 5 年計画で立ち上げている。

宮本常一は，全国を歩き回りながら地域の民俗調査を行うとともに地域振興の具体的な実践に携わり，離島振興法（1953 年）の成立に尽力している。彼の残した約 10 万点の写真は昭和の日本の周辺部を記録した貴重な資料であり，佐渡島においても 3000 を超える写真が撮影されている。50 年代から 70 年代にかけて撮られたこれらの写真を毎年のテーマごとに選定し，フォト・エリシテーションと呼ばれる手法にならってフィールド調査に使用した。この手法は，写真を用いて行うインタビュー調査のことで，映し出されたイメージに喚起された人々の感情や表現を丁寧に記録しながら，人々と社会との連関を明らかにしていくものである。宮本が撮影した佐渡の情景は，この島が離島ブームにのる形で大衆観光に沸く華やかかりし時代のものであり，観光産業の衰退，一次産業の衰退，人口減少と少子高齢化などを抱える現代の人々にとっては，ある種「過去の栄光」として立ち現れるものである。このような記憶と感情を，過去・現代・未来への語りとして記録していくことで，人々の地域に対する意識の多様なあり方を浮かび上がらせていくというのが，本フィールドワークの目的であった。

参加メンバーは「廃校プロジェクト」の時と同様に，複数の大学から少人数ずつ集めて構成された混合チームであり，その年のテーマに沿って（南佐渡，国仲平野，外海府などといったように）概ね佐渡島の三つのエリアの調査班としてグループ分けされた。一つの調査班は 3 〜 4 人で構成され，自らの努力により現地での生活場所（調査拠点）を確保していくことになる。生活は班内で協働しながら行うが，実際の写真を用いたフィールド調査は各人が個別に動くことになる。どこを拠点とするか，誰に話しを聞くかといった調査のデザインは，宮本写真に映し出された情景と撮影場所にある程度規定されながら，自ら動いて構築していかなければならない。その意味で，調査の出来・不出来は，調査環境を上手に整えることができるかどうかにもかかってくる。

図 4-2　廃校舎を利用した二見夏学校の様子

話は前後するが，調査に用いる宮本写真の選定や，班分け，および各班のテーマの決定は，8 月の本調査の前，7 月初旬に行われた全体ミーティングの際に行った。

各年度の，全体の軸となる大テーマは，事前に 3 名の教員によって設定されていた。前述の通り，宮本常一が佐渡を歩いた時期が大衆観光の最も盛んな時期であり，宮本自身も観光開発によって消費されていく佐渡の文化資源のあり方を悲観的に捉えつつ，さまざまな場所で文章化したり，地元の人々を相手に演説を行っている。このことから，初年度は「マス・ツーリズム」をテーマとして設定した。2 年目は，初年度の調査結果を受け，大衆観光が実際にどのように人々の生活に影響を与えたのかという，大衆観光と人々の生活世界を繋ぐようなテーマとなった。3 年目は，人々の生活世界のなかで見いだすことのできる物質文化の豊かさをテーマとした。というのも，宮本写真のなかには民具や生活物資，信仰に用いる仏具や呪具などが多く映しだされていたからだ。人々の変化し続ける具体的な生活を，マテリアルな側面から明らかにしていこうとする宮本の意思を見いだすことができよう。本章執筆中の 4 年目は，人々の生活に大きな影響をもたらす「交通」や「道」をテーマとした。佐渡の集落の多くは船着場を中心とした海岸線に沿った漁村形態が多くみられ，入り組んだ海岸の地形は集落の独立性をもたらし，それを細々と繋ぐものは，移動手段としての船であった。しかしモータリゼーションと離島振興の波のなかで，整備された道路を通じて集落同士がつながりはじめ，人々の生活に大きな変化がもたらされた。宮本写真には道の写真が多く，車移動が多かったためか車窓からの撮影シーンが多いのも，テーマに交通が浮上した理由の一つだ。

図 4-3　地域別の班では，それぞれのテーマを持ち寄り包括的な理解を導こうとする。

このように，各年度に設定される大きなテーマは，宮本写真の特性を生かしたものとなっており，その調査地は写真が撮られたエリアにある程度限定されるものとなっていた。また，こうしたテーマの背景となる宮本の発想や思想と，それを選んだ教員側の意図は，事前の全体ミーティングで参加学生とある程度共有することにした。

一方で，このような大テーマと，それに合わせた形で選定された写真の束をもとに，具体的な調査地と個別のテーマを考えていくのは学生たちの仕事である。写真は地域の方々の多様な記憶や意識を湧き上がらせる前に，まずもって参加する学生たちのイマジネーションを刺激する。学生たちはその感覚と，自らの経験・知識を重ね合わせながら，選択した写真から可能となる調査テーマを設定し，肉付けしていった。そこでは，大テーマに対する最低限の関連性を見いだすことが要請されるが，具体的で個別のテーマは参加学生たちの興味関心に引き付けながら設定されていくことが推奨された。つまり，大枠におけるテーマは，一定の方向性を提示することで調査目的の無限の拡散を抑制するものだが，あくまでも抽象度が高く曖昧なものとして設定されているがゆえに，個別具体的な調査の進展に多くの揺らぎをもたらすようにデザインされている。

では，実際にどのようにテーマ設定と調査が進展していったのか，先述の宮本写真プロジェクトから，3 年目の物質文化調査（タイトルは「モノと暮らし」だった）を事例に，具体的にみていきたい。

5 物質文化に関するフィールド教育の流れ

先述の通り，2018年度に行われた宮本写真プロジェクトのテーマは物質文化であった。これは，宮本常一の固有の生活論から着想を得たものである。そこには，従来の民俗調査にみられたような細分化された民俗事象のかき集め（標本採集）のような方法論への批判が込められており，人々の生活のホリスティックな理解（つまり生活誌）への意思と，それを物象的な側面から捉える具体の科学としての生活研究という方法論的志向性を見いだすことができる。そのため宮本写真には，民家や道端に置かれたさまざまなモノを撮影したものが多い。我々の調査テーマが，佐渡における物質文化と生活世界との連関に引き寄せられたのも，必然的な流れだった。

前述の通り調査に入る1か月前に，東京において全体ミーティングが開かれ，そこでテーマや大まかな調査エリアが告げられ，学生たちにはこちらで多めに選定した写真群をバラバラに提示した。学生たちはその写真の束を吟味しながら，撮影されたモノたちを用途別に振り分け，テーマ分けを行った。結果として，①装う（衣料），②祈る・委ねる（信仰実践），③働く（農具，漁具などの生業），④日々を紡ぐ（生活全般，日常的実践）の四つのテーマに分類され，学生はそのなかから各自テーマを選定し，グループを構成した。さらに学生は特に調査してみたいと思う写真を2～3枚選び，かつその写真が撮影されたであろうエリア別に調査チームを組んだ（調査地は相川・外海府エリア，小木・宿根木エリア，赤泊エリアの三つに分けられた）。したがって，四つのテーマをそれぞれもった学生が集まって，エリア別に調査班を構成したことになる。調査テーマと調査エリアが縦軸と横軸で織り合わされた形になる。

この時点で参加学生たちは，ある程度基本となるテーマと調査エリアを設定しているが，この最低限の条件さえクリアしていれば，その後の展開は自由に広がりをもたせることが許されている。彼らは，出発前に事前学習として選定した写真に関連しそうな文献史料に当たる。たとえば，赤泊における「装う」のテーマ写真に沿って，婦人が「チンポン」と呼ばれる仕事着を縫う様子を撮影した宮本写真を選んだ学生は，佐渡における衣食住に関する民俗誌にあたり，伝統的な服に関する文献を集めていた。しかしながら，こうした事前学習で得られた知識にとらわれず，現地において見聞きしたことを中心に調査が進められることが推奨されており，仮に民俗学的な知識の周辺のみに調査デザインが集中している場合には，そこからどのように展開させていくのか，教員やTA（ティーチングアシスタント）とのミーティ

図 4-4　全体ミーティングでは，教員と TA と共に問題意識の醸成が図られる。

ングを重ねながら見通しを立てていった。以下の事例はそのような知の展開に関わるものである。

【事例 1】外海府におけるハサの調査：他者の論理の網の目に

大学 3 年生のナナミさん（仮名）は，研究テーマを「日々を紡ぐ」とし，人々の具体的な生活世界や生業のあり方を対象とすることにした。選んだ写真は，宮本が昭和 38 年に撮影した外海府の日常風景を撮影したものだ。宮本が残した写真のメモには，「ハサに洗濯物を干す」と記されている。ハサとは，刈り取った稲をかけて干すために設置された木の棒の段組のことであり，多くの場合街道に沿った形で設置されている。宮本写真では，農閑期だからだろうか，こうしたハサの段に，稲藁の代わりに洗濯物が干されているのが印象深い。

ナナミさんはこのハサの使われ方が農業以外に広がっていることに興味をもって調査を開始した。しかし一方で，調査を進めていく過程で，ナナミさんが生まれ育った茨城県の見知った農村風景との比較から，農業そのものの機械化の問題にも関心を寄せていった。なぜなら，自分の見てきた田んぼにはハサがなく，稲はコンバインなどによって刈られた後に機械による乾燥，というのが一般的な方法だったからである。このような農業の機械化は，当然効率や生産性を求めて進められてきたものだが，なぜ佐渡ではハサを利用した旧来の農法が継続して行われてきたのかという疑問が生みだされていった。夜のミーティングにおいて教員および TA は彼

図 4-5　外海府エリアで現在でも根付いているハサ

女のこうした気づきを重視し，その新たな疑問をさらに深めていくように指示した。

ハサを利用した農業が特に集中して見られたのは，外海府でも北部にあたる岩谷口集落の周辺であり，ナナミさんはこのあたりを中心に聞き取り調査を行っていった。この地でも農業の機械化は進行していたが，一方でハサに稲を干すという習慣が依然として生活に根づいていることがわかった。

ここでナナミさんは「効率性」や「便利」という言葉のもつ意味そのものに疑問を投げかけるようになっていった。すなわち，現地の人々との語り合いのなかから，何をもって便利とするのか，という根本的な意味に頭を悩ませることになったのである。そこで生活する人々の発想の広がりが押し寄せてきて，ハサをめぐる意味論が複雑な意志の絡み合いによって構成されている状況がわかってきた。それをどのように整理するのか，ナナミさんは大変苦労したことと思う。結果的に，ハサ掛け（自然乾燥）をすることで「美味しいお米になる」という論理とともに，耕地整備がうまくいかなかったために田んぼが狭小になってしまったこと，ハサは他の用途においても広く用いることができること，牛の飼育のための飼料を作るためにも必要とされていたこと，2 種類のコメを刈り分けるための使用法があることなど，ハサをめぐる論理の深みにはまっていった。

結局聞き取りを行った集落は三つにおよび，そこでの人々の語りはナナミさんがこれまで持ち続けてきた便利さという感覚そのものに変更を迫るものとなった。ナナミさんは報告書に以下のように書いている。

> ともすれば私たちは，新しければ新しいほど便利であると考えてしまうかもしれない。しかし，「便利さ」とは地域の状況や使用者のニーズによって変わるものであり，必ずしも「新しさ」に比例しない。「便利さ」を「新しさ」という観点のみで捉えること自体が私たちの視野を狭めているのである。(中略) 岩谷口（集落）の道端に立ち並んでいたハサは，私たちの「便利」に関する固定観念を崩してくれたのである。

この事例は，ハサという現在まで残り続けているモノとそれにまつわる習俗を「古の慣行」として記録保存するという作業ではなく，調査者がフィールドで立ち現れてくる複雑で多様な論理の網の目に取り込まれてく過程こそが大きな学びへとつながっていることを表している。「日々を紡ぐ」というテーマと写真から得られるイメージ，また撮影場所という最低限の制約を伴った調査は，現地での多様な論理との偶発的な出会いのなかで，自身の価値観そのものの変容を迫るものとなっていった。

次に，フィールドにおける偶発的な出会いが，調査の対象およびテーマそのものを想定外に大きく揺さぶっていった事例を紹介する。

【事例2】赤泊に生きる女性，廃れる真言：偶発的出会いとテーマの変遷

リカさん（仮名）が選んだ写真は，南佐渡の赤泊集落で撮影された，数点の呪具である。玄関にぶら下げられた魔除けの植物や小鯛の尾，お盆に用いられる締張馬（シメバリウマ）などが映された写真。当初はモノそのものが何か，その意味が何かについて何もわからなかったが，奇妙な好奇心にかられ，選んだ。本人曰く，赤泊に到着してからの最初の日々は，まったく情報を得ることができず，自身の調査能力に自信をなくす日々だったという。

ところが調査開始から三日目の出来事，すなわちMさんという老婦との出会いが，フィールドワークを大きく変化させていくことになる。酷暑の路地を歩く老婦に語

りかけた際，彼女は「なんや，オメェ」と冷たく対応したが，赤泊について知りたいと写真を提示したところ，「じゃあ，うちに上がりぃ」とリカさんを家に招き入れたという。家に着くと，台所で農作業の片付けを始めて相手にしてくれないMさんに戸惑いながら，用意してくれたご飯をご馳走になり，とりとめのない話がはじまった。Mさんが語り始めたのは，調査の対象となる呪具のことではなく，自らの半生を振り返りながら綴る，とても長いライフヒストリーだった。リカさんはこの状況に戸惑いながらも，Mさんの語る内容に引き込まれていった。そしてリカさんは，連日この老婦を訪ねて赤泊に通うことになった。ミーティングでは，このMさんへの集中的なアプローチを推奨し，よりて徹底したライフヒストリーを収集するように指示した。

Mさんの話は，家族構成から貧しかった幼少期の話，小中学校に通学しながら他の家庭に「女中」として従事していたこと，高校を中退して赤泊の診療所で看護士として働いていたこと，結婚や出産の話，夫の入院の話などの具体的な人生の経緯から，「女として生きること」，や人生訓のようなものまで幅広く展開していった。調査を続けるリカさんは，Mさんの語る「女性性」に対して違和感を感じながらも，そこで語られる物語の力強さにうたれていった。

> 現在，Mさんの話す女性観は時代遅れのものとなりつつある。Mさん自身「私は時代が遅れとるだか知らんけども」と言っていたが，現在の日本における「女性」のジェンダー規範というものは，Mさんが抱くものとは多分に変化している。おそらく，Mさんの「結婚」や「出産」についての価値観は，現在では多くの人々に「女性蔑視」「女性への偏見」といった感想を持たれるだろう。私もMさんの話に納得できないところが少しばかりあった。しかし，私はこれを採録しようと思った。むしろ聞きたいと思った。今年八五歳になるMさんが，これまでの人生のなかで，「女」である私に最も伝えたいことだと思ったからだ。いくら時代遅れで，現在では通用しない教訓だったとしても，Mさんの「女」としての人生から生み出された教訓だ。それには，Mさんの人生そのものが詰まっているだろうし，後世に伝えたいという願いも詰まっているだろう。その話をするMさんの口調はいつも力強く若々しい。

彼女のフィールド報告から，我々教員や参加メンバーは，彼女が赤泊で出会った女性のライフヒストリーを基盤として，現地に生きる女性の生き方とジェンダー意識の豊かさを研究対象とするのだろうと考えていた。それは，彼女の選んだテーマである「祈り」からは多少離れていると感じつつも，女性としての生き方そのものが信仰をも含み込んだ包括的な生活誌として立ち現れてくるものになりうると感じ，教員は彼女の調査をバックアップしていくことを告げた。

しかし驚くことに，リカさんの調査が進むにつれ，彼女のテーマはまた大きく変容していったのである。それは，調査対象者であるMさんの生活と「真言」の関係というものだった。このことは彼女の選択した写真が呪具にまつわるものであったということと，魔除けの方法論が真言と深く結びついていることから影響を受けたものであるとともに，Mさん自身が深く真言を愛し，信仰実践に熱心であったことから，日々の語りの中心が真言をめぐるものになっていったことが大きいと考える。帰宅後綴ったリカさんの報告書の紙面の多くは，この真言という信仰実践の話に割かれ，かつ真言を行う女性たちの営為へとテーマが集約されていく様子が描かれている。Mさんに連れられ，赤泊にある西方寺で実施された「お不動様真言」に参加したリカさんは，以下のように綴っている。

> 赤泊の真言は，昭和初期においては宗教的実践だけでなく，わざわざおしゃれをして参加するような，女性の「溜まり場」を形成させるものとして機能していた。参加人数も三〇人を越え，部落全体で一定の盛り上がりを見せる行事だった。それに対して，現在における真言は，少子高齢化や離島者の増加などの影響で「古い」「面倒臭い」ものとして語られるようになった。現在の参加者はわずか四人ほどで，そのほとんどが六〇歳を超える高齢者である。このように真言という文化は時代の流れに比例したかたちで，赤泊という小さなコミュニティのなかから消えゆく存在となった。しかし，八月二八日の西方寺における賑やかな空間を見ると，「溜まり場」という空間は変容していないように思う。つまり，参加女性たちは，時代の流れに合わせて真言の形を変容させながらも，「溜まり場」としての空間を維持しているのではないだろうか。要するに，赤泊における真言は，時間軸でみると，廃れているように読み取れるが，空間軸でみると，女性の「溜まり場」という意味では変化していないと考察することができる。

真言をめぐる営為を追いかけることを通じて，それまでの断片的な語り，すなわちMさんのライフヒストリー，女性としての生き方，真言を中心とした信仰実践な

図 4-6　赤泊の真言の様子

どが結びつき，点と点が一つのラインへと有機的に結びついていった状況を，彼女の調査報告は語っている。また，彼女の調査は，まさに一人の老婦との関係が引き起こす偶発的な話題の中心性によって変転していくものであり，それが一定の全体像として焦点が合わさっていくとき，人々の生きる生活誌的世界を垣間見るものになっていたといえる。自身とは違うリアリティをもって生きている人々との関係が，新たな気づきと学びの宝庫として立ち現れた様子がわかる事例である。

【事例 3】片辺エリアにおける高燈籠の調査：フィールドワークを捉えるメタな論理へ

大学 3 年生のリサさん（仮名）は，宮本写真のなかで一際目を引いた「高燈籠」の写真を選び，それが撮影されたとされる外海府エリアで聞き込み調査することを決めた。高燈籠とは，一般にお盆において祖霊を迎えるために立てられる，杉の木や葉，なわを用いた燈籠で，家の前などに設置されるものである。彼女はその高燈籠を立てる風習が多くみられた（「民俗」としてその慣習が今でも生きていた）片辺エリアで調査することに決めた。事前に高燈籠に関する文献を集め，基本的な知識を頭に詰め込んだ。

調査に入ってから，高燈籠に関する具体的な情報が集まってきた。ただし，それ

図 4-7　片辺の高燈籠

は伝統を保持している人々の意識の高さではなく，否定的な感覚も含めたあまりにも多様な意見だった。たとえば，「高燈籠を立てるの大変だし，面倒」「自分が生きているうちはやるが，あと 10 年くらいだろう」「みんなでやるから大変ではない」「高燈籠を立てることを省略してしまっている地域がある」「詳しい人はみんな死んでしまった」など，高燈籠を立てるという習俗が大きな変化のなかにあるということに気づかされた。それに伴い，それぞれの地域の生活状況や，家庭の事情などに話が及んでいった。しかし，高燈籠にまつわる伝統的営為や「民俗的」知識はあまり集まらず，調査が難航していった。調査対象を変えようとまで悩んでいた際に，何度も重ねた教員との対話を起点として，リサさんのなかに変化が起こっていった。

彼女は報告書にその思いをつづっている。

> 期待していた語りが得られないという状況のなかで半ばあきらめのような側面も最初はありながらも，そのなかで，写真に写る高燈籠という「もの」が人と人との「つながり」を引き出していることが分かった。その高燈籠は誰のために立てたのか，故人はどんな人だったのかという質問を入り口に，語り手がどのような人生を送ってきたのかということや，語りから感じられる人となりや人生観という『現在』目の前にいる語り手や語り手が話す内容に関心の対象が移行した。結果として高燈籠自体よりも，それそのものが引き出す地域の人と人との「つながり」の方が，私にとって興味深いものになった。

その後リサさんは，調査地で出会った人の多くが「夫に先立たれた女性たち」であることに気づき，彼らの亡き夫に対する記憶・現在の心境，死者とのつながりのあり方を調査のテーマとして設定し，深めていくことになった。また彼女は報告書のなかで，自身の調査が刻々と変化していくなかで感じることのできた，「フィールドワークの可能性」についても触れている。

> 高燈籠が民俗的なものであるという先入観を持ち調査に臨んだ私は，変化する高燈籠や現在生活している現地の人々に向き合うということができずに苦しんだ。高燈籠という「もの」が写る写真が，目には見えない現地の人々の強固な「つながり」を引き出すということが手助けとなり，私の興味・関心は伝承される高燈籠が導く「つながり」へと移行した。それは，私と現地の人々との「つながり」を見返すきっかけを与え，「調査者」と「調査対象者」という関係性を考えさせた。フィールドでの様々な出会いや想定外の出来事，自分の変化など，フィールドワークには「自身の知りたいこと」以上の学びがあると今回の調査で実感した。

リサさんの学びは，フィールドワークという営為が単なる情報や知識を収集することにあるのではなく，モノがさまざまな関係のなかに存在すること，またその関係によって生まれる対話を通じて自／他が調査者と対象者という関係を超えたつながりが生み出されていくということ，つまり知識や記憶，存在のあり方を関係論的に捉えていくことの大切さに気づいたことにある。フィールドワークそのものの営為を捉える，メタな思考へと展開していくことで，彼女の調査は大きく深みをもつものに変わっていった。

6　フィールド教育の可能性：偶発性を中心に

フィールドワークはどこにいてもすることができる，と学生に語ることがある。日常生活のなかでも，意識的に細部にこだわり，他者との関係を再構成しながら，新たな認識や気づきを得ることも可能である。一方で，そうした学びの過程をより前景化させるためのプラットフォームを構成することが可能ではないか，とも考えている。日常に埋没してしまい，得られるべき気づきや大切な情報を拾うことすらままならない日々を送ってしまうような生活環境から飛び出し，非日常的な世界のなかで翻弄されること自体の大切さを感じ取ることができるのが，フィールド教育の醍醐味なのだろう。

本書の主張である自己変容をもたらすようなフィールド教育とは何かを考えた時，私は異種混交性と偶発性というキーワードに価値を見いだした。平易な理解や早期の解決，合理的な判断が重視される現代社会において，その背景に横たわる複雑性や不確実性に向き合いながら「本質」を観取していくことこそが生き抜く力につながることを，さまざまな次世代教育論は綴っている。そこでは，予定調和的で迅速な課題解決の方途や，正しい解答への画一的なプロセス，それを基盤とした評価のあり方そのものに疑問が投げかけられ，複雑に絡み合った現象をいかに解きほぐしていきながら，「わからない」ことにこそ本質が隠れていることを実感することのできる教育のあり方がその重要性を増している。人間の創造性とは，まさにこの掴むことのできない「混沌」から出発することで生まれるのだから（川喜田 2010）。

偶発性に溢れた異種混交の世界（＝フィールド）へと学生たちを誘い，混乱と自己解体を経た先にある言葉を，彼ら自身が紡ぎ出すのをサポートしていく営為は，これからの教育のあり方として極めて重要なものになるだろう。フィールド教育は不確実な社会を生き抜く力を身につけるための，最適な学びの入り口となるのである。

参考文献

門田岳久・小西公大・杉本　浄［他編］（2017）.『宮本常一で読む佐渡①——マスツーリズム』生活文化研究フォーラム佐渡

門田岳久・小西公大・杉本　浄［他編］（2018）.『宮本常一で読む佐渡②——観光以降』生活文化研究フォーラム佐渡
門田岳久・小西公大・杉本　浄［他編］（2019）.『宮本常一で読む佐渡③——モノと暮らし』生活文化研究フォーラム佐渡
川喜田二郎（2010）.『創造性とは何か』祥伝社
小西公大・門田岳久・杉本　浄（2014）.「〈協働〉を生み出すフィールド——廃校をめぐる研究／開発／教育のはざまで」椎野若菜・白石壮一郎［編］『フィールドに入る』古今書院，pp.137–157.
外山滋比古（1986）.『思考の整理学』筑摩書房
竹川大介（2017）.『野研！大学が野に出た——フィールド教育と大學堂』九州大学出版会
バークレー, E. F.（2017）.「関与の条件——大学授業への学生の関与を理解し促すということ」松下佳代［編］『ディープ・アクティブラーニング——大学授業を深化させるために』勁草書房，pp.58–91.
山本直美（2009）.「リサーチクエスチョンを変えていく——福祉施設『ユリノキ村』における『逸脱多発』を読み解くまで」箕浦康子［編］『フィールドワークの技法と実際Ⅱ』ミネルヴァ書房，pp.175–192.

第Ⅰ部
第Ⅱ部
第Ⅲ部

column ②ジョン・デューイの経験学習論と PBL

ジョン・デューイが著した『経験と教育』は，高等教育の対象者よりも低年齢の子どもの教育について論じている。だが，彼の議論は本書の対象にも応用可能である。

デューイは，経験学習にとって重要なのは，経験の時間的連続性と，内的な欲求と外的な要素（モノや人）との相互作用であると論じる。人間は日々何かを経験しているが，経験学習がそうした日常的な経験と異なるのは，何らかの経験が好奇心や独創性を喚起し，次の経験に連続的につながっていく点にある。このことによって，学習者の学びが深まっていく。もっとも，経験そのものが人の成長を阻害したり制約をかけたりすることもある。そこで彼は，子どもたちの経験をよりよい方向に導いていく手助けをする存在として，先達としての経験値をもつ教師が必要なのだと指摘する。

また，デューイは経験が学習として機能するためには，子どもたちの内的な学習目的や願望にしたがって適切な事物が周囲に存在している必要があり，その事物との相互作用によって，子どもたちは学習に動機づけられるとする。この事物の世界のなかには人間も含まれており，デューイの想定では教師もこの世界の一員である。この点でも，教師には何らかの知識を伝達する役割ではなく，子どもたちの内的な目的や願望にあわせて周囲に適切な事物を配置する役割が求められる。

デューイはこの連続性と相互作用の原理を，「経験の縦の側面と横の側面」と表現する（デューイ 2004: 65）。子どもたちは，ひとつの状況から何か知識や技術を学び，つぎの状況に移行する際に，「その個人は別の世界に生きている自分を見出すのではなく，一つの同じ世界で，これまでとは異なった部分あるいは側面で生きている自分に気づくのである」（デューイ 2004: 65）。これはまさにフィールドワークの現場における経験が，学習者個人の意識を拡張し，フィールドから帰還したときに，自身のものの見方が変わっていることに気づくという現象に似ている。

デューイが批判するのは，過去から受け継がれた知識や技術を，教師が上から一方的に押し付ける教育のあり方である。そこでは学校や教室といった社会から閉ざされた空間のなかで教師に従順であることが子どもたちに求められているのであり，彼はこのような知識伝達のあり方を「押しつけ」と表現した。そしてこのような教育を「伝統的教育」と呼んで批判し，自身の経験学習理論を「進歩主義教育」の一つに位置づけている。

デューイが同書を記した 1930 年代のアメリカにおいて，「伝統的教育」はすでに批判の的となっていたが，今日でも「伝統的教育」は姿を消すことなく，ごく一般的な教育方法として定着しているし，今後の教育現場から完全になくなることもないだろう。このなかで，「伝統的教育」対「進歩主義教育」という異なる教育観の批判の応酬は，今日においても，「知識詰め込み型教育」対「生きる力の育成」「暗記中心教育」対「考える力の育成」といった形で繰り返し行われているのだ。

この流れに位置づけるならば，本書が掲げる自己変容型フィールド学習は，後者の「進歩主義教育」ということになる。だが，それ以外の教育が旧態依然としてよくない方法だと主張したいわけではない。本書を通じて論じたいのは，経験学習論のなかに，自己変容型フィールド学習を位置づけることである。そうすることで，社会調査の枠には収まらない，フィールドワークの新たな教育的側面を照射できると考える。

（箕曲 在弘）

【参考文献】

デューイ, J.／市村尚久［訳］（2004）.『経験と教育』講談社

第5章

ボランティアとフィールド教育

タイ少数民族との邂逅と協働を通した自己変容の可能性

二文字屋 脩

1 ボランティア学習と人類学

ボランティア経験がこの不確実な世界を生きる上で必須の能力（コミュニケーション能力や想像／創造力，共感力，順応力など）の涵養に有効であるという認識は，日本の教育現場でも少しずつ広がりを見せているように思われる。だが，ボランティアを経験すればそうした能力が自然と身につくかというとそうではない。どのような経験であれ，それが「学び」となるためには，外部からの何かしらの教育的アプローチが必要不可欠である。

ボランティア経験を学びに転換するという明確な目的をもつ取り組みの一つに，ミッション系の大学を中心に実践されてきた「サービス・ラーニング」がある。これは1980年代半ばにアメリカで普及した教育実践であり，日本では国際基督教大学がいち早く導入した（山本 2005）。その基礎理論や歴史的背景，そして今日の展開などについては割愛せざるを得ないが，ここで確認しておきたいのは，社会奉仕（サービス）が学習（ラーニング）になるという基本的なコンセプトである。ボランティアは（1）自主性・主体性，（2）無償性・無給性，（3）社会性・連帯性，（4）創造性・先駆性の四つを原則とすると言われるが，普段の生活がこれらからやや距離があるからこそ，「ふり返り（reflection）」をはじめとする教育的働きかけを加えることで，ティーチングを主軸とする既存の学習とは異なる学びが可能になる。経験（行動）・知識（思考）・省察（学習）が三位一体となって有機的に結びつくからこそ，冒頭に挙げた能力などが学習者の血となり肉となってより効果的に養われていくのである（McCarthy 2005）。

サービス・ラーニングに極めて近い教育実践は，日本でもすでにさまざまな教育現場で取り入れられている。「サービス・ラーニング先進国」であるアメリカとは違い，キリスト教という宗教的基盤を共有していない日本では，「サービス・ラーニング」の代わりに「ボランティア学習」という名称が使用されているが，アメリカの事例で興味深いのは，教員の専門性を積極的に応用して活動することに力点が置かれている点である（村上 2007: 59）。つまり，さまざまな専門分野を有する高等教育機関の利点を生かした特色ある教育実践が実践されている。ならば，本書がベースとする人類学は，ボランティア学習においていかなる役割を担うことができるのだろうか。また，どのような役割を担うことが人類学の真価を発揮することになるのだろうか。

もちろん，人類学をどのようなものとして理解するかによって答えは異なるだろうが，本書の目的に則していえば，人類学の教育的意義とは「他者との邂逅を介した自己変容の経験と認識枠組みの相対化」にある。そのうえで「人類学×ボランティア学習」のあり方を考えるならば，それは人類学のものの見方をボランティア活動に活かしつつ，他者の生活世界を個別の文脈に落とし込み，自己省察を通して既存の認識枠組みを絶えず更新していくことにあろう。そして目前の社会問題の解決を目指しつつも，「解決すべき問題（problem）」を「議論すべき課題（issue）」として再考する余地を残しながら，自己と他者それぞれの存在様式を多角的に捉える力を鍛え上げることにある。

そもそも人類学とボランティア学習は，どちらもフィールドを前提としたものであるため，研究と教育の両面で相性がいい（Keen & Colligan 2004）。ボランティア学習にとって人類学は，フィールドワークを中心的な方法論とするからこそ，場づくりといった技術的側面でその強みを発揮するし，生身の人間を研究対象とするからこそ，フィールドに対する立場や倫理の問題を考えることに長けている。また，人類学にとってボランティア学習は，複数のアクターによる協同・協働を前提とした教育実践であるからこそ，独自の方法論や理論から生まれた学問知を再検討する機会や調査研究の枠を超えた新たな公共性を拓く機会を提供する。

この相互補完的な関係を余すことなく一つのプロジェクト内で実現することは容易なことではないが，「人類学×ボランティア学習」のあり方の一つとして，本章ではわたしが企画・運営をしている海外ボランティア・プロジェクト「もりびとプロジェクト～ムラブリに学ぶ，世界の始まり～」を事例に，自己変容を主軸とするフィールド教育の手法とその可能性を示したい。

なお，本プロジェクトについてはすでに別稿（二文字屋 2019）にて紹介し議論している。そこでは，早稲田大学で提供されている全学オープン科目「体験の言語化」の方法論を，本プロジェクトにおいてどのように実践しているのかを主眼に紹介した。本章で紹介する方法論や事例は別稿と重複する部分が多くあるが，本章は同様のプロジェクトを「フィールド教育と自己変容」という視点から捉え直し，新たな事例を加えつつ再編集したものである。

2　ボランティアという入り口

ボランティアは扱いが難しい厄介な代物である。正しく扱えば一元的な価値基準だけでは計り得ない世界の複数性や多様性をその身をもって経験し理解することのできる貴重な機会となるが，一歩間違えれば安易な自己肯定感に浸るだけの自慰行為に終わってしまう。だがこのことに自覚的であるだけで，ボランティアは本書が提案する自己変容型フィールド学習を目指すフィールド教育とってこの上なく心強い味方になる。

まずもって，ボランティアは「学生ウケ」がとてもいい。たしかに学生の主体性を重視した正課外活動であることから，ボランティアに学生を引き込むには，単位という求心力をもつ正課とは異なる努力が必要である。教科書の購入を渋り，効率や対価を重視する傾向にある昨今の学生の姿を思い浮かべれば，その必要性は言を俟たない。そんな時，ボランティアは有効な武器の一つになる。実際，わたし自身教壇に立ってまだ日が浅いものの，これまで出会った学生の多くが「ボランティア」という言葉にポジティブなイメージを抱き，機会さえあれば実際に活動に参加してみたいと考えていた。もちろん重い腰がなかなか上がらないでいる学生も中にはいるが，それでも「誰かの役に立ちたい」という漠然とした善意を抱く学生たちにとって，「ボランティア」はどこか魅力的な響きをもつ言葉に聞こえるらしい。おそらくそれは，ボランティアが「純度の高い利他的行為」としてイメージされているからだろう。無償性を理念の一つとするボランティアは，現代社会を席巻する功利主義的発想からほど遠いところにあるものとして受け止められているのである。だからこそ学生たちはボランティアに「ハマって」いく。

しかし問題はここからである。ボランティアが学生の興味関心を引き出す上で効果的であるにしても，そのある種の純粋さが，自己変容型フィールド学習に向けたフィールド教育にとって大きな障壁となりうる。

まずもって，ボランティアでは「こちら側＝助ける側／あちら側＝助けられる側」という図式が前景化する。この区別自体が問題であるわけではないが，この図式を安易に引き受けると，「こちら側＝富める者／あちら側＝貧しい者」というステレオタイプ化された自他認識が生み出される恐れが出てくる。また，「誰かの役に立ちたい」というナイーブさは，やることなすことが「相手のためになっている」という錯覚に陥る可能性が極めて高いし，他者を都合のいいように解釈してしまう危険性も孕んでいる。文化的背景をある程度共有している者同士ならあまり大きな問題にはならないことも，そうではなければ話はそう単純ではなくなる。

とはいえ，活動を開始する前にこれらの危険性を学生に周知することは，ボランティア経験を介した学び，とりわけ本書が提唱する自己変容型フィールド学習の可能性をかえって狭めてしまうことにもなりかねない。このように考える理由は主に二つある。まず，価値観の多様性がある意味で「当たり前」となった今日，どこかに足場を確保しなければ，他者の存在を捉えることはできないからである。他者の存在を認識するには自己の存在が認識されていなければならない。自己の不在は他者の不在と同義であり，その逆もまた然りである。そのような時，ボランティアは極めてわかりやすい自他認識の枠組みを提供してくれる。そして二つ目に，単純な自他認識をあえて保持するからこそ，圧倒的な他者の存在に触れた時の衝撃が最大限に増幅されるからである。他者に対する畏怖は，他者との邂逅と協働を通して内側から破壊されていくプロセスを通して生み出される。このプロセスをその身をもって経験するためには，「こちら側＝助ける側・富める者／あちら側＝助けられる側・貧しい者」という図式にあえて立脚しておく方が，自己変容に向けた教育的効果は結果的に高くなる。教員であれば，いや教員であるからこそ，活動開始前に正しい知識を教えたくなるだろう。しかし学生たちの認識枠組みを揺さぶるのは，教員ではなく，フィールドである。

では，ボランティアにどのような仕掛けや働きかけを加えることで，自己変容を可能にすることができるのか。事例に基づいて考えていきたい。

3　もりびとプロジェクトの概要

早稲田大学平山郁夫記念ボランティアセンター（Waseda Volunteer Center，以下：WAVOC）は，2002年の設立以来，大学が果たすべき社会的責任である社会貢献活動の推進役を担ってきた。他大学が設置するボランティアセンターと同様，学生のボランティア活動をさまざまな形で支援しているが，その最大の特色を挙げるなら，専属の教員がWAVOC内に配置されている点にあるだろう。WAVOCの教員はそれぞれの専門性に基づきながらボランティアに関連する科目を提供するとともに，ボランティア活動について相談を受けるための「ボランティア・アドバイザー時間」を設けている。そうしたなか，「ワボプロ」と略称される「早稲田ボランティア・プロジェクト」が2017年に始まった。これは「社会貢献」と「学生の成長」を使命としてきたWAVOCが，「教員の専門性×学生のやる気と情熱」をコンセプトに運営するボランティア・プロジェクト群である（早稲田大学平山郁夫記念ボランティアセンター 2019）。

ワボプロのなかでわたしが担当しているのが，タイ北部に暮らす少数民族ムラブリを対象とした「もりびとプロジェクト～ムラブリに学ぶ，世界の始まり～」（以下，もりびとPJ）である。ムラブリとは，さまざまな少数民族が暮らすタイ北部地域で，唯一，狩猟採集民として知られてきた人びとである。タイ国内では「ピー・トーン・ルアン」（「黄色い葉の精霊」の意）と呼ばれているが，彼ら自身は「森の人」を意味する「ムラブリ」を自称する。だが長らくタイ北部に広がる森で狩猟採集をベースとした遊動生活を送ってきたムラブリも，1980年代中頃に政府主導の開発対象となった。結果，現在では賃金労働や換金作物栽培をベースとした定住生活を送ることとなり，彼らを取り巻く生活環境は大きく変化している。

もりびとPJが活動の場としているのは，1999年にタイ政府が設置した，150人ほどが暮らす小さな村である。行政当局を中心に「生活の質的向上」を謳う開発プログラムが現在でも進められているが，収入が極めて少ないこともあり，栄養価の高い食事を毎日摂ることもままならない。また，以前とは異なる生活環境でストレスを感じて自殺を試みる者や，アイデンティティ・クライシスなる社会問題を抱える若者たちもいる。とくに大きな変化は，嫉妬を覚えたことだろう。ムラブリ語に「嫉妬」に当たる言葉はないが，タイ語を理解する今日，テレビに映し出される煌びやかな都市部の生活と自分たちの生活を比較して「嫉妬する」若者は少なくない。

もりびとPJは，そんなムラブリを対象とした海外ボランティア・プロジェクトであり，(1) 住民参加型の生活支援，(2) 伝統文化の記録保存，そして (3) 異文化理解の三つを主な目的に，2018年に活動を開始した。基本的には夏季休暇と春季休暇に現地に赴いてボランティア活動を行い，現地渡航の前後は学内でミーティングを行っている。

4 自己変容をデザインする

■4-1 方法論1：フィールド生活（出会う）

もりびとPJに参加する学生は，ボランティアや国際協力といった分野に興味をもつ一方で，少数民族や異文化といったキーワードに惹かれてやってくる。現地渡航の前に写真を交えてムラブリについて簡単に説明をしたり，わたしがこれまでに書いた論文などをテキストに事前学習を行うが，それだけで自己変容は起きない。自己変容を引き出すためには，実際にムラブリに出会わなければ意味がない。だが，ただ出会うだけでも意味がない。そこでもりびとPJでは，町にある宿泊施設に寝泊まりしながら「村に通う」のではなく，「村に住む」ことを重視している。学生にとっては不便な生活環境に一生活者として身を置くことで，ムラブリにとっては当たり前の生活環境が自分たちのそれとはどれほど違うかを身体で理解するとともに，ムラブリがどのようにして独自の生活世界を築いているのかを間近で観察するためである。

フィールド生活は村落内にある宿泊施設で営まれる。宿泊施設といっても，雨風がしのげる程度のきわめて簡素な居住スペースである（図5-1）。ホテルのような快適さが提供されているわけではない。温水シャワーがあるわけでもないし，ふかふかのベッドがあるわけでもない。用意されているのは，蚊帳と寝袋，そして基本的

図5-1　宿泊施設の内部

な調理器具だけである。普段は都市部で生活している学生たちにとって，こうした環境での生活が困難の連続であることは想像に難くない。事前に簡単な説明をしているとはいえ，日本に比べて不便な生活環境に，学生たちは文字通り圧倒される。たとえば宿泊施設の外に設置された小さなスペースには，大きな水瓶に水が溜められており，その水を使って排泄物を流し，水浴びをし，食器を洗わなければならない。食事を作るにも，毎朝毎晩，炭を焚かなければならない。電気もあることはあるが，時期によっては停電することも多く，ヘッドライトとランタンを使って夜を過ごさなければならないこともざらにある。このように，今ある僅かな資源で如何に生活を成り立たせていくかが，学生たちにとって最大のミッションとなる。

好き嫌いの問題を遥かに通り越したフィールド生活は，わたしからすれば「ちょっとしたサバイバル生活」であるものの，都心部の大学に通う学生たちにとっては苦難の連続となる。だが「しなければならない」という環境由来の義務規定に満ちたフィールドでの生活を通して，学生たちはどうすれば快適な住環境を作り出し，サバイブできるのかを自ら考え始めるようになる。どうすれば簡単かつ効率よく炭に火をつけることができるのか。どうすれば水瓶と桶しかない薄暗い空間で水浴びをすることができるのか。普段では意識的になることすらない生命維持活動に必要な事柄に一つ一つ向き合うことを通して，フィールドに適した生活知を身につけ，彼らなりの生活環境を築き上げていく。

そしてこの経験が，同じ環境で暮らすムラブリに目を向けることにもなる。言葉は通じずとも火起こしを手伝ってくれたりと，何かと気を使ってくれるムラブリを目の前に，彼らはどうやって薪に火をつけているのか，そもそもどこから薪を採ってくるのかといった個別の事柄について考え始めるだけでなく，ムラブリの生活リズムを把握し，ムラブリの生活知に関心を抱くようになる。フィールド生活は「〈なじみ〉からの切断」に向けた重要な仕掛けであることはいうまでもないが，それは同時に「〈見知らぬもの〉との邂逅」でもある。

■ 4-2　方法論 2：ボランティア活動（知る）

もりびと PJ はボランティア・プロジェクトであるため，フィールドでの主な活動はボランティアである。フィールドの状況を踏まえながらどのような支援活動を行うかは事前にある程度決めているが，住民参加型を基本としていることもあり，具体的な内容はムラブリとの話し合いで決めていく。そしてこの経験が，ムラブリを支援対象から関心対象へと質的に変貌させていくことにつながっていく。

図 5-2　鉄筋のように組み合わせられた竹

たとえば2019年の春渡航で，あるムラブリ男性の要請を受けて，地面がむき出しの家にコンクリートを敷き詰めるという支援を行った時のことである。学生たちは，町で買ったセメントと砂利を混ぜ合わせて地面に敷き詰めればよいと考えていたが，一緒に作業していたムラブリたちは「ちょっと待て」と言い残して颯爽と森に行き，竹を採ってきた。そして竹を器用に加工して組み合わせ，地面に張り巡らせたのである（図 5-2）。つまり鉄筋の代わりに竹を用いて強度を増す作業を行ったわけだが，竹を鉄筋の代用物にするという発想と，面積を測らずとも家の幅ぴったりに竹を加工して瞬く間に仕上げてしまうムラブリの姿に学生たちはただただ圧倒されていた。ある男子学生は思わず息を呑んで「すげぇ」と発したが，このような経験から，ムラブリは確かに経済的には貧しいものの，知識も技術もないわけでは決してないことを学生たちはその身をもって知ることとなる。

同じような出来事は他にもある。たとえば2018年の夏渡航では，村から水汲み場へと通じる道を整備するという支援を行った。これは事前に決めたものではなく，一生活者として生活するなかで学生たち自身が不便を感じたことから発案されたものである。また，自然と階段状になった道は雨が降ると滑りやすく，とくに子供や

図 5-3　完成した売店の前で

老人には危険だという判断からだった。そこで学生たちが話し合い，コンクリートブロックを敷くことをムラブリに提案した。鍬を使って地面を整形してからその上にブロックを置くという単純な作業であるが，ここでもまた学生たちはムラブリのやり方に圧倒された。彼らが段鼻をわざと高くすることで足を滑らせないための工夫をしていたからであり，さらにこの工夫が話し合いによるものではなく，個々人が作業中に考え出してその場で実行に移した，極めて臨機応変な対応であることを知ったからである。

他方，こうしたムラブリの生活知以外にも，ボランティア活動を通して学生たちはムラブリの文化を学ぶことにもなる。たとえば2019年の夏渡航では，病気で体を壊した男性の家に小さな売店を作ることで新しい仕事を提供するという支援を行った（図 5-3）。畑仕事ができない男性にとって貴重な収入源となるだけでなく，村落内に売店があればわざわざ他民族が暮らす村に行かなくてもよいこと，また他よりも安価で品物が手に入るというムラブリ全体にメリットがあることから計画されたものである。そして作業終了後，男性を囲んで話し合いの場がもたれた。そこである学生が次のような質問をした。「ムラブリはあるものを分け与えることをとても大切なことだと考えていると聞いたのですが，お金がなければこの売店があっても必要なものが買えません。それでもお腹が空いたという人がいる時どうしますか」。これに対して男性は次のように答えた。「わたしが自分のお金で買って，その人に渡すよ」。学生たちが危惧していたのは，売店の設置が村全体の利益になることは確かであるにしても，それが貨幣の有無による格差を生み，分かち合いによって支えられてきたムラブリの平等主義的な社会関係を壊してしまうのではないかということだった。しかしムラブリは大きな社会変化を経験しながらも，そこに自分たちなりの価値観に基づく生活世界を築き上げている。図らずも彼の一言で，ムラブリが近代化の荒波を前に呆然と立ちすくんでいるわけではないということを学生たちは知ることとなった。

このように，ボランティア活動を通して，学生たちはムラブリが単なる弱者ではないことを知っていく。フィールド生活をベースとしたムラブリとの協働を通して，「私たち＝富める者／彼ら＝貧しい者」という単純な自他認識はおのずと瓦解し，「こちら側＝助ける側／あちら側＝助けられる側」という図式が一面的なものに過ぎないことを，フィールドを介して理解していくのである。

■4-3　方法論3：夜ミーティング（ふり返る）

若さゆえの感性の鋭さも相まってか，フィールド生活とボランティア活動を通して，学生たちはさまざまな感情を抱き，気づきを得る。だがそれらは言語化という作業を通して初めて「自分のもの」になる。そこでもりびとPJでは，毎晩欠かさずにミーティングを行っている。正課外活動であってもこれが可能であるのは教員が同じ場にいるからであるのはいうまでもない。なお，夜ミーティングでのわたしの役割はファシリテーターに徹することであるが，この作業のベースになっているのが，WAVOCの教員が提供する全学オープン科目「体験の言語化」である。これは，学生個々人の「ひっかかり体験」を多角的な視点から照射し，日常的な違和感の背景にある社会の課題を発見することで，個人と社会の結びつきについて考察するプログラムである（早稲田大学平山郁夫記念ボランティアセンター 2016）。

夜ミーティングは夕食後に行われる。食後のコーヒーを飲みながら，互いの表情や感情の機微を見逃さないよう輪になった時点でミーティングが始まる。一人ずつ，その日見たことや聞いたこと，感じたこと，考えたこと，ふと思い浮かんだことなどをざっくばらんに話してもらう。内容はなんでもよい。整理がつかずに適切な言葉が見つからないでいることも多々あるが，それでもまったく構わない。ムラブリに感心してもよいし，ムラブリを批判してもよい。

夜ミーティングに限ったことではないが，学生との会話でわたしが常に意識しているのは，彼らが必死に行った言語化の前提を，さらに言語化するよう促すことである。話の内容によっては，「ムラブリだったらこう考える」とムラブリの視点からヒントを投げかけることもあるが，基本的には「それで？」「それから？」「それはどういうこと？」と，何度も問いを重ねることで，言語化を執拗に要求する。まだ荒削りのものを少しでも形にできるよう，こちらも言葉を介して学生の思考を促し，彼らが持ち合わせている言葉のレパートリーからさらなる言葉を引き出し，ときに新しい言葉を生み出すためにヒントを提供するのが，夜ミーティングでのわたしの主な役割となる。

これまでの学生たちとの会話で気づくことは，善悪を伴う価値基準に基づく価値判断が彼らの思考を支配し，それが新たな気づきの獲得を阻害しているということである。とくに深刻だと思えるのは，善悪の断定が半ば無意識であるということだろう。「（水が）汚い」「（村が）臭い」「（鶏の鳴き声が）うるさい」「（ムラブリには）向上心がない」など，挙げればきりがない。フィールドをよく知るわたしには耳を塞ぎたくなるような言葉も時として出てくる。しかし倫理に反するという理由で頭ごなしに否定してしまえば，「学び」が限定的なものとなってしまう。内省的な自己の相対化を促すためには，価値基準とは常に相対的なのではないかという視点を問いとして提起し，自分たちの「当たり前」を疑い，そうした「当たり前」を作り出している社会に視点が移るように仕向けていくことが重要である。

これはあくまで経験上の話だが，学生たちから言葉を引き出すためには，「押し」よりも，「引く」ことや「待つ」ことが重要であるように思われる。ときには一言二言だけを言い残したり，ムラブリの視点から考えるヒントを与えたりしてから「引く」ことで，学生たちがそれらを手がかりに自身の感情や気づきを言葉にすることの可能性に賭けて「待つ」。夜ミーティングは毎回二，三時間ほどの長丁場となるため，一度にたくさんの問いを投げかけられては処理能力が追いつかずに疲労感だけが残り，最悪の場合，考えることをやめてしまったり，本来の問いを見失ってしまう危険性もあるからである。

なお，夜ミーティングでは各々にノートを取っているが，あくまで発話による言語化に重点をおいている。また，夜ミーティングは毎晩行われることもあり，ミーティングを通して交わされる膨大な言葉の波を前に思考を整理することがままならないこともある。そこで学生たちには，帰国後のなるべく早い時期に，「ふり返りレポート」を提出してもらっている。フィールドで言語化したものをさらに深めて文字化することで，フィールドを介した学びを一過性のものにしないためである。またふり返りレポートは，次の渡航までにわたしからコメントを入れて一人ひとりに返す。そこから発展させて思考を深める学生もいれば，これまでのやりとりから新たな気づきを得てまったく違う事柄に関心を向ける学生もいる。

では，もりびと PJ に参加した学生たちは，フィールドで他者と出会い，彼らと協働することでどのような異和感や気づきを得て，夜ミーティングをはじめとする，わたしや他の学生との対話からどのように自己を変容させてきたのかについて具体的な事例に基づいて紹介しよう。

5 学生たちの自己変容

■ 5-1 ヨネの場合

もりびと PJ の初代リーダーを務めたヨネ（当時，教育学部 2 年）は，2018 年夏渡航での夜ミーティングで次のように言い放った。「僕はムラブリが嫌いです」。ある意味「場違い」ともいえる彼の発言にその場にいた学生たちは戸惑いをみせたが，正直のところ，わたしは彼の発言にゾクゾクした。「ムラブリ好き」のわたしとは正反対である発言の真意を知りたいと思ったからである。そこで「ムラブリの何が嫌いなのか？」と尋ねると，「ムラブリには向上心がないから」と彼は言う。そこですかさず，「君にとって「向上心がある」とはどういうこと？」と尋ねた。彼は少し考え込みながら，「夢や目標に向かって努力すること」と答え，これに対してわたしは「なぜ夢や目標に向かって努力しないといけないのか？」と聞き返した。すると彼は腕を組んでしばらく黙り込んだのち，「もうちょっと考えたい」と言った。そしてわたしは彼を待った。

「ムラブリには向上心がない」という発言の背景には，現地のニーズを把握するために行った聞き取り調査がある。「どんな生活がしたいか」という学生たちの質問に対して，性別や年齢を問わず，誰もが「わからない」と答えたのである。「何かないのか」とさらに問い詰めると，「肉が食べたい」や「賃金が上がったらいい」といった答えが返ってくる。しかし何か具体的な努力をしているかといえば何もしていない。一方，「家族と過ごすことができればいい」や「貧しくても仕方ない。それでも満足だ」といった答えもあった。そんなムラブリの姿に「向上心がない」という印象をヨネは受けた。そしてそれが嫌悪感となっていったのである。

帰国後，2019年1月に予定されたワボプロ成果報告会にて，もりびとPJを代表して彼に発表をしてもらった。そして彼とともに，「ムラブリが嫌いです」と言ったときの心情を言語化しようと，話し合いの場をもち，何度もメールでやりとりをした。そこで焦点となったのも，「なぜ夢や目標に向かって努力しないといけないのか？」という，わたしの問いに対するヨネの回答である。そして彼は以下のことを考えるに至った。

ヨネは高校三年間，甲子園を目指して野球に打ち込んできた。結果的に甲子園出場は叶わなかったものの，野球部を引退した後は大学受験という新たな目標をみつけ，第一志望であった早稲田大学に現役合格した。こうした挫折からの成功体験は，彼の人格形成に大きな影響を及ぼしていると彼は言う。「目標は大小さまざまだが，目標に向かって努力することに自分は充実感や幸福感を覚えてきた。両親や高校の先生も，そんな自分を誇らしく思ってくれた」。ゆえに目標や夢をもつことで人は幸せで充実した人生を送ることができると疑ってこなかったという。だからこそ，あまり多くを望まないムラブリの言葉に，「自分の人生が大きく否定されているように感じた」と彼は言う。「大きな目標に向かって努力してきたこの20年間は一体何だったのか」と，「怒りにも似た嫌悪感」を覚えた。

しかし考えを深めていくうちに，案外自分の価値観は狭く，周囲によって作られたものではないかと感じるようになったという。つまり，彼が「正しい」と信じて疑わなかった「夢―努力―達成」という「幸せの方程式」は，「夢をみつけなさい，目標に向かってがんばりなさい」というメッセージを発する日本社会が作り出したものであり，「自分由来」だと思っていた価値観の多くは，じつは日本で生活しているうちに自然と体に染みついたものだったのではないかと彼は気がついた。そして自分の価値観をムラブリにも押し付け，「ムラブリには向上心がない」と決めつけ，「肉が食べたい」や「賃金が上がったらいい」といった欲望を「取るに足らないもの」だと切り捨てていたことに気づき，深く反省したという。「僕はムラブリに寄り添うのではなく，比較していた」。

「ムラブリを好きな自分がいる」。これは2019年春渡航の夜ミーティングで彼の口からふっと出てきた言葉である。「自分とは違う他者」としてムラブリをみるのではなく，一生活者としてムラブリと生活空間をともにし，彼らを間近で観察するなかで，自分にはないものをもつ彼らに尊敬の念を抱くようになったという。「比較するのではなく寄り添うこと」という言葉の意味が，少しずつ彼のなかで意味をなしてきたようである。

この事例で注目すべきは，単なる異和感では収まらない激しい動揺である。多くを望むことのないムラブリの姿勢に，彼は嫌悪感を抱くほどの混乱を覚えた。慣れないフィールド生活で蓄積した不満も相まってか，彼の感情は夜ミーティングで爆発した。しかし本心を吐露しただけではその先にある学びの可能性が閉ざされてしまう。そこから思考を深め広げていくためには，なぜ嫌悪感を覚えたのかを言語化する必要がある。そこでわたしは彼に問いかけ，彼は「向上心」を一つのキーワードとして取り上げた。そして向上心をもつことが彼自身にとってどのような意味をもつのか，そしてそれが意味あるものとして彼自身のなかで成立するに至った経験とはどのようなものであったのかについて考えてみてはどうかとアドバイスした。結果，彼はムラブリに対して覚えた嫌悪感の原因が，彼なりの成功体験を否定するものであったのではないかと考えるに至った。興味深いのは，そこから自己の相対化へと話が広がり，最終的には自己理解が他者理解へと結びついていく過程である。「怒りにも似た嫌悪感」を覚えたのは，彼のいう「幸せの方程式」が極めて強力なものとして彼を捉えて離さなかったからであり，これに気づくことで，彼は彼自身や日本社会を少し離れたところから捉える視点を得たことになる。そしてこの視点の獲得が，ムラブリをまた別の視点から捉えることを可能にした。

ところで，このような気づきを得る上で，彼がわたしとのやりとりでとりわけ印象深かったのと言うのが，「良いか悪いかは別にして」という，常日頃からわたしが多用する枕詞だったという。「「良いか悪いか」という二者択一的な判断を早急に下してしまいがちな日本社会で，結論にすぐに飛びつくのではなく，多様な見方を総合的に考えないといけないんだと思った」と彼は当時を振り返る（cf. 岩瀬・米・櫛部・相原・河井 2019: 103）。

■ 5-2　タカシの場合

他の学生にも同様の志向性を認めることができるが，タカシ（当時，教育学部 2 年）はムラブリの考え方をいかに自分の生活に応用できるかを考えていた学生の一人である。たとえば 2018 年夏渡航後に提出されたふり返りレポートで，彼は次のように書いていた。「人との関わり方について新たな視点を学んだ。わたしは今まで，人と比べる生活を強いられてきた（自分で強いてきたのかもしれないが）。競争社会だと思っていたからだ。こんなにも人と比べずに生きている人びとをみたのは初めてかもしれない」。

このことを彼が強く意識したのは，「あなたはあなた，わたしはわたし」というムラブリの基本的な態度だった。フィールド生活は学生がムラブリを観察する機会でもあるが，それは同時にムラブリが学生を観察する機会でもある。そのような状況で，「（ムラブリよりも）贅沢な食事をとる私たちを見て，彼らはうらやましくないのか」とタカシは思ったという。そこでこのことをあるムラブリ女性に尋ねてみた。すると彼女は「それはあなたたちのことだから」と言う。そんなきっぱりとした答えにタカシは驚いた。「相手と自分を分けるにしてもまったく悪気がなく，今ある自分の生活に満足するという意味で，良い意味で相手と自分を決別させていると感じた」。

その日の夜ミーティングで，タカシはこの件について他の学生たちの前で話をした。似たような印象を受けたという他の学生たちも含め，何がそのような態度の背景にあるのか，それは私たちとどのように違うのかについて意見がやりとりされた。そしてわたしから次のような簡単な解説をした。「確かにムラブリは他人にあまり干渉しない。「個人の自律性」に高い社会的価値が認められているからだ。個人の自律性とは，「個人の意思決定は尊重されなければならず，何人もそれを侵犯してはならない」という社会規範であり，タカシのいう「あなたはあなた，わたしはわたし」とはこのことを指している」。

比較することで他人に優越感を抱き，ときに嫉妬することでさらなる高みを目指すことを「当たり前」とする日本社会で生きてきたタカシの目には，ムラブリの態度が彼自身のそれとは大きく異なっているように映ったようである。そして彼は次のように言う。「これから競争社会で生きていこうと思っている自分にとっても大切な考え方であると思った。人と違うから仕方がないと割り切ることで自分の芯を貫くことができ，逆に競争社会で打ち勝つことができるのではないかと思った。そっくりそのままムラブリの生活を取り入れたいのではなく，人と比べがちな日本での生活に，ムラブリのような「あなたはあなた，わたしはわたし」精神を取り入れたいと感じた」。

そんな彼が，二回目となる2019年春渡航の際に摂食障がいを患っていたことをわたしは後になって知った。足しげくジムに通っては筋トレに励んでいた2018年夏渡航からは一転，ファッション誌に登場するモデルのような細身の体型に憧れ，「やせたい」という強い欲求ゆえに体重を落とし，普段通りの食事をしても罪悪感にさいなまされ，「やせられないならいっそのこと死んでしまいたい」と感じ，過食分を嘔吐することでなんとか気持ちを保とうと苦しんでいたという。そんな彼は，2019年春渡航で「ムラブリに救われた」という。「村での生活は鏡が極端に少ないために，自分の体型を気にする必要がなかった」。自分の姿を映し出す鏡がないフィールドの生活環境は，摂食障がいに苦しむ彼にとって「大きな救い」だったという。そして彼に大きな影響を与えたのが，前回の渡航で学んだ「あなたはあなた，わたしはわたし」にみるムラブリの人間関係のあり方だった。「個人の自律性」を尊重するムラブリの基本的態度を前に，タカシは改めて自分自身に向き合った。今思い起こすと，「一回目の渡航ではムラブリを「可哀想だ」と思っていたけど，今回はムラブリをどこかうらやましく思っている自分がいることに気がついた」という，2019 年春渡航の夜ミーティングで彼が発した言葉は，ときに心身を蝕むほどの過剰な欲求の苦痛から解放されたからこその言葉だったのかもしれない。

専門外であるため彼の病に直接言及することは避けたが，ふり返りレポートを受け取ったのち，わたしは彼に次のように伝えた。「君は君，僕は僕だけど，でも君は僕にとってタカシだよ。たぶん，ムラブリもそう言う」。彼が強い関心を寄せた「あなたはあなた，わたしはわたし」は，「他人を顧みる必要などなく，自分勝手であっていい」ということではない。「あなたにとってのわたし」も「わたしにとってのあなた」も，匿名化された個人ではなく，互いに顔が見える代替不可能な個人である。

正直のところ，もりびと PJ への参加がある種の心理療法となりえたことにはわたし自身も驚いている。しかしタカシのいう「救い」が可能であったのは，既存の認識枠組みの刷新といった経験が，彼自身の個別の身体を介したものであったからこそだろう。ムラブリの基本的態度を普段の生活でどれほど活かすことができるかはさておき，「わたし」という等身大の自己を通した他者との関わりは，先の事例とはまた別種の自己変容を引き出したといえよう。

■ 5-3　シオンの場合

「わたしの，そして日本の「ルール」が通用しないムラブリの村で，根本から生きることについて考えてみたい」。そう言ってもりびと PJ に参加したシオン（当時，文化構想学部 1 年）は，ムラブリの人付き合いに強い関心を向けてきた。たとえば 2019 年夏渡航では，「自分の親は結構うるさく言ってくるのに，ムラブリでは大人たちが子供たちに何かを指示したりすることがない。子供たちをとても尊重しているように思えた」と親子の関係に注目し，その次の日には，「私たちは役割があることをとても大切にするけれど，ムラブリではそういった印象がない。どれが男性の仕事でどれが女性の仕事かとか，親はどうあるべきだとか，子供はこうあるべきだとか」と，さらに視野を広げてムラブリを観察していた。そんな彼女は，帰国後に提出したふり返りレポートに，「ムラブリと共に過ごしていくうちに，なぜだか彼らを「愛しい」と思う自分がいることに気がついた」と書く。

彼女がみたムラブリは，「どうしようもなく呑気で，どうしようもない人たち」だったという。「当たり前のようにゴミをポイ捨てするし，畑仕事を無断欠勤することもしばしば。貯金せずに手持ちのお金をお酒に費やしてしまう。それでいて，ちょっとした鋭利な一言で亀裂が入ってしまうガラスのハートをもつ。けれども反省しない」。そしてその一方で，ムラブリの「当たり前の優しさ」に触れたと彼女は言う。「斜面が急な山道を歩いていると木を切って杖を作ってくれ，夜には私たちの部屋の灯りがついていないことを心配して声をかけてくれた。しゃがんで洗い物をしているとさりげなく椅子を用意してくれた。わたしがムラブリ語を知らないということをまったく無視して，何度も諦めることなくコミュニケーションを図ってくれた」。

そんなムラブリの優しさに応えようと，彼女は身振り手振りでどうにか感謝を伝えようとした。しかしその度にムラブリはしかめっ面で首を大きく左右に振ったという。そして彼女は感謝という無形の対価すら受け取るのを拒むムラブリの態度に無償性を見出し，それを「当たり前の優しさ」と呼んだ。さらに日本社会を「相手の思いやりある言動に対して，それをしっかりと受け止めたことを感謝の言葉で示し応答する社会。あなたに感謝していますと伝える社会。優しさをどこか特別なものと捉える社会」と形容し，「当たり前の優しさなんてない社会」と呼んだ。

そんな彼女の語り口がやや一面的であると考えたわたしは，彼女に次のように問いかけた。「「当たり前の優しさ」があるとかないとかはさておき，日本社会では「ありがとう」と感謝の意を明示しなければならないし，言わないとどこかすっきりしないのはなぜかを考えてみたらどうだろうか」。そして彼女が考えたのは，優しさとは一種の「負債」であるということだった。「私たちの社会は，優しさを特別視することで，優しくした側と優しくされた側を明確に区別し，優しくされた側に一種の負い目を生じさせる社会ではないか。そして負い目を覚えた側はそれをどうにかしようと，「ありがとう」と感謝の気持ちを伝えるのではないか。考えてみれば，私たちは常にそうしたアゲル／モラウという関係を前提としている。私たちの社会はアゲル／モラウの関係に基づいて誰かと結びついている社会ではないだろうか」。

そしてこれにムラブリを重ね合わせ，彼女は次のように続ける。「でもムラブリはそうやって人とつながる人たちではなかった。感謝を表に出すことも，出させることもない彼らのやり方はまるで，アゲル／モラウの関係が立ち現れるのを阻止しようとしているかのようだ。それは「優しさ」を特別なものとしないことだともいえる。だからこそ，恩着せがましくもなく，誰もが自由気ままにつながりをもてるのだろう」。

このような気づきを得るための一連のやりとりは，2019 年 12 月に開催されたワボプロ成果発表会での発表に向けてわたしとシオンのあいだで行われたものである。彼女が書き直した発表原稿を読んだ上で，論理の飛躍を指摘しながら，「「当たり前の優しさ」とはどのような意味なのか」という問いかけから始まり，「感謝を拒むムラブリに異和感を抱くのはなぜなのか」「当たり前の優しさが「ある／ない」というのは現実を単純化しすぎではないだろうか」「確かに感謝の言葉を必要としないムラブリではアゲル／モラウの関係は曖昧だが，曖昧であることがどのような意味をもっているのだろうか」，といった問いを重ねていった。

もちろん，まだ学部 1 年生ということもあり，わたしの問いかけに対して適切な言葉が見つからずに悶々とすることもあったようである。時には「答え」に限りなく近いヒントを提供することもあったが，それでもわたしの問いかけに答えようと必死にもがきながら彼女が辿り着いたのは，贈与論や負債論といった，人類学がその草創期から現在に至るまで議論を重ねてきた，古くて新しい問いだった。

だがここで重要なのは，人類学の教科書からではなく，彼女自身の身の回りの事例からそのような問いに辿り着いたことである。たとえば「当たり前の優しさ」を考える上で，彼女は次のような母親とのやりとりに注目した。授業に遅刻しそうになったため母親に車でバス停まで送ってもらうことになったが，あまり急ぐ様子のない母親に苛立ち急かしたところ，「誰のために送ってあげようとしているのかよく考えて。当たり前だと勘違いしないで」と言われたという。そしてそれが母親の本心ではないとしながらも，「当たり前だと勘違いしないで」という言葉が親子のあいだでも成り立つことに注目し，彼女は思考を深めていったのである。

6　自己変容の可能性

もりびと PJ は達成感だけを味わえるようなボランティア・プロジェクトではない。さまざまな挫折感や喪失感もまた，このプロジェクトには埋め込まれている。それでも学生たちが一度だけでなく，二度，そして三度もフィールドに向かうのは，これまでの世界の見方が一面的であったことを渡航のたびに思い知るからだろう。

フィールドに降り立った学生たちは，他者との邂逅と協働を通してさまざまな異和感を抱き，自分たちの「当たり前」が通用しないことを思い知る。だが，ただ知るわけではない。一生活者としてその場に在るからこそ，そこで得た気づきは，他人ごとではなく自分ごととなる。自分ごとである以上，そう簡単に目を背けることなどできない。そこで，異和感を異和感たらしめる「当たり前」の所在を探る。絡まった糸を一本一本解きほぐしながら思考を深める。そこに，自己変容に向けた決定的な契機が訪れるのである。

だが，自己変容を通り越して自己破壊に向かってしまっては意味がない。自己を卑下し他者を美化することは簡単であるが，自己と他者の差異を優劣の差としてではなく，存在様式の差異として理解するためには教員の存在が不可欠である。通訳やファシリテーターを担う一協力者としてだけでなく，食をともにする一生活者として，学生たちの苦悩をすぐそばで見守りながら，言語化を通して自己変容へと導くことが，自己変容型フィールド学習における教員の主な役割となる。そしてこれはフィールドワークを通して深い他者理解に努めてきた人類学者の得意分野といえるだろう。

学生との会話でわたし自身が半ば無意識的に多用する「良いか悪いかは別にして」という枕詞が示唆するように，フィールドから発せられる問いの多くは「答えなき問い」という形式をとる。素早い「応え」から明瞭な「答え」を執拗に求める社会を生きる学生たちにとって，「答えなき問い」を抱えたままでいることはとても息苦しいことであるようにみえる。しかしその苦しみは，彼らが自分たちの「当たり前」を疑う上では避けて通ることのできない必要悪ではないだろうか。事実，「当たり前」を疑う余地を手にした学生たちの変容は想像以上に大きい。私たち自身の「非常な常識」に向き合いながら，「答えなき問い」に立ち向かうことが，学生たちの世界を拡張し，新しい世界を発見することにつながっていく。そしてこのような自己変容を引き出すには，他者の存在が必要不可欠である。もりびと PJ の副題が，「ムラブリを学ぶ」ではなく，「ムラブリに学ぶ」であるのはこの理由による。

参考文献

Keen, A. S., & Colligan, S.（2004）. Service-Learning and Anthropology. *Michigan Journal of Community Service Learning 10*: 5–15.

McCarthy, F. E.（2005）. Education the Heart: Service Learning and Shaping the World We Live In. *Introduction to Service-Learning*. International Christian University Service Learning Center（ed.）International Christian University Service Learning Center, pp.12–21.

第I部
第II部
第III部

岩瀬詩由・米　伶太・櫛部紗永・相原悠伸・河井　享（2019).「ボランティア体験を振り返る――参加学生のインタビュー 1」早稲田平山郁夫記念ボランティアセンター［編］／兵藤智佳・二文字屋脩・平山雄大・岩井雪乃［監修］『ボランティアで学生は変わるのか――「体験の言語化」からの挑戦』ナカニシヤ出版，pp.93–107.
二文字屋脩（2019).「もりびとプロジェクト――ムラブリに学ぶ，世界の始まり」早稲田平山郁夫記念ボランティアセンター［編］／兵藤智佳・二文字屋脩・平山雄大・岩井雪乃［監修］『ボランティアで学生は変わるのか――「体験の言語化」からの挑戦』ナカニシヤ出版，pp.1–23.
村上むつ子（2007).「「ボランティア学習」と「サービス・ラーニング」――コミュニティ・サービスの世界」西尾　隆［編］『サービス・ラーニングへの誘い』国際基督教大学サービス・ラーニング・センター，pp.56–64.
山本　和（2005).「「サービス・ラーニング」とは何か」国際基督教大学サービス・ラーニング・センター［編］『サービス・ラーニング入門』国際基督教大学サービス・ラーニング・センター，pp.5–11.
早稲田平山郁夫記念ボランティアセンター［編］（2016).『体験の言語化』成文堂
早稲田平山郁夫記念ボランティアセンター／兵藤智佳・二文字屋脩・平山雄大・岩井雪乃［監修］（2019)『ボランティアで学生は変わるのか――「体験の言語化」からの挑戦』ナカニシヤ出版

column ③自己変容にまつわる教育論

本書における「自己変容」とは何か，今一度教育論的な文脈のなかで捉えてみたい。

教育学では，「子育て」「教育」の営みを，子どもの「成長」に寄与するものとして据えている。しかし「成長」や「成熟」「発達」などの言葉が変容のキーワードとして混在して使用されてはいないだろうか。ここで整理しておこう。

まず成長とは，身体的な変容や言語・知識の増大，行動や活動の変化を捉える言葉として使われることが多い一般的ワードである。成熟は成長の背後にあり，乳幼児期の著しい変化や第二次性徴期など，個体の完成態に向けた生物学的な変化のプロセスを指すことが多いようだ。一方で「発達 develop」は，「包む envelop」の対義語として，「潜在的なものが外に向かって開花する」という含意をもった変化の過程を指す。

では，この「開花」を促すものは何か。この要因をめぐる議論には，大きく二つの潮流がある。一つは「発達はあらかじめ（遺伝子等により）決定されている」とする成熟説で，もう一方は「環境や経験，学習によってどのようにでも発達は変わりうる」とする学習説である。前者は変容の過程・方向が決定づけされており，教育はそのゴールに向け子どもたちを教え導くことにつながる。

後者においては，発達の方向性は決定されておらず，それぞれの子どもたちのもつ潜在力を基礎として，外的な経験や環境を整えていくことになる。“educate”の原義の一つがラテン語における「引き出す」にあることから，教育とは，彼ら自身の「内的特質・能力の拡張をサポートすること」となる。

本書で提示する「自己変容」は，後者の論理に基づく。また発達を促す環境として，我々は「フィールド」を用意しようとする。では，なぜ「フィールド」なのか。それが変容の質にとってどのような意味をもつのか。

その答えに向けた準備段階として，M. S. ノールズのアプローチが参考になる。彼は人間が成熟していく過程を「依存」から「自己決定的なもの」への変容として捉える。またその過程における「経験」が学習への豊かな資源となる（Knowles 1980）。しかし，学習の自律性を強調するあまり，学習者の世界認識の変容そのものを捉える視点が後景化していることが批判の対象として挙げられる。

それを乗り越えるものとして，S. ブルックフィールドは「SDL（Self-Directed Learning）」を提唱する。彼は SDL を，現実の文脈的かつ偶発的な側面についての批判的省察、オルタナティブなパースペクティブや意味体系の探究、個人的・社会的環境の変化がすべて包摂される学習として捉え，SDL の背景にある社会的文脈を重視した（Brookfield 1985）。また J. メジローはこの自律的な発達を「徹底した自己省察」によって成し遂げられるものとし，そのためには他者との相互理解に努める「対話的学習」による認識の変容を重視した（Mezirow 1991）。ここでは，ブルックフィールドのいう個と社会の連環を意識させる環境の変容と，他者との深い対話に向けられた視点を重視したい。学習者が自己決定的な発達を遂げるためには，文脈の異なる社会的環境における偶発的な他者との対話が不可欠とされている。

そのような偶発的な対話環境を，「フィールド」以外で構成することは可能だろうか。19 世紀末から登場し，現代まで大きな思想的潮流を形成してきた「新教育運動」の推進者の多くが，近代教育の（監視・管理による）制度設計やイデオロギー的呪縛を批判し続け，かつ教室内での知識の移譲への偏重に疑問を投げ掛けてきた。冒頭に述べた，一元的な成長過程を制度的な設計によって可能とするのが近代教育であることは確かだろう。しかし自己変容の契機は，過度の「設計」の呪縛から解放された，（教室の内外を問わない）自由な社会的環境のなかでこそ生み出されるものであることが，本書の主張の核となっている。（小西 公大）

【参考文献】

Knowles, M. S.（1980）. *The Modern Practice of Adult Education: From Pedagogy to Andragogy*. Cambridge Book Co.

Brookfield, S.（ed.）（1985）. *Self-Directed Learning: From Theory to Practice*. Jossey-Bass Inc.

Mezirow, J.（1991）. *Transformative Dimensions of Adult Learning*. Jossey-Bass Inc.

第 III 部　展開編

第 6 章

自己変容型フィールド調査実習の試み

調査期間と専門性の制約を超えて

寺内 大左

1 フィールド調査を通して自己変容を導く

筆者が担当している海外研修科目は，現地で地域の課題に取り組む課題解決型プロジェクト学習ではなく，フィールド調査がメインのプログラムである。フィールド調査を通して国境を超えた人びとの関係性を理解したり，異文化社会／他者を理解したりして，その理解に基づいて日本社会／自己を相対化する活動を行っている。しかし，調査期間は村にホームステイする 3 泊 4 日のみ。しかも，学生たちの関心に合わせた調査テーマを立てるので，調査テーマが筆者の専門分野から外れることの方が多い。以上のような制約のなかでも，現場での気づきをベースに学生が主体的にフィールド調査を設計・実施し，調査の過程で自己変容（物事の見方の変化）を促せる方法はないものか。本章では筆者が試みた自己変容型フィールド調査実習，そのなかでも特に自己変容を促す調査方法である「仮説法」について紹介したい[1]。この試みに着手してまだ日が浅いため試行錯誤の段階ではあるが，本章の内容をたたき台にして，実践例を積み重ね，内容を精緻化していただければと思う。

1）本章で紹介する仮説法は，『発想法』（川喜田 1967）に着想を得て，考え出した方法である。紙幅の制約から方法の詳細な比較は行えないが，発想法（KJ 法）は情報を整理し，アイディアを生み出したり，概念化したりする方法であるが，仮説法（TD 法）は仮説構築・検証を繰り返して，学生の物事の見方を刷新していく教育方法である点に違いがある。

2　短期海外研修科目の概要

■ 2-1　学習目標

第3章にて，箕曲が東洋大学社会学部の「社会文化体験演習」科目の紹介をしている。「社会文化体験演習」には2コース存在し，箕曲が「キャリア分野」を担当し，わたしはもう一つのコース「国際理解分野」を担当している。「国際理解分野」は，「キャリア分野」のような課題解決型プロジェクト学習ではなく，フィールド調査をメインにした活動を行っている。履修学生は両分野とも学部2年生と3年生である。

私たちは暮らしのなかでさまざまな国際商品（モノ）を消費している。モノの消費を通して世界の人々とつながっているわけだが，それを実感しながら日常生活を送っている人はいないであろう。どこの，誰が，どのようにそのモノを生産しているのか。国際理解分野の一つ目の学習目標は，学生たちがモノの生産地（海外）と消費地（日本）でフィールドワークを実施し，モノを通した私たちと海外の人々とのつながりを理解することである。また，ただ「モノの生産と消費を通して私たちは海外の人々とつながっていました」で終わるのではなく，モノを通してつながっている海外の人々の異文化社会を学ぶこと，そして，その学びから自文化社会を相対化することが二つ目の学習目標である。

わたしは2017年度から2019年度にかけてこの分野を担当しているのだが，この期間，「エビ」を題材に，エビの消費現場である日本と，エビの生産現場であるインドネシアにおいて，学生たちのフィールドワークをサポートしてきた。エビは1980年代から急速に国際商品化し，南北問題や環境問題などのグローバルな問題群と密接にかかわる国際商品の一つである。

■ 2-2　1年間の活動内容[2)]

1年間の活動内容を紹介しておきたい。秋学期に実施される短期海外研修は，春学期の国内活動および海外研修後の成果報告活動と有機的に結び付けられている。

春学期と夏休みは，国内においてフィールド調査を行う。社会調査の倫理や方法をテキストで学んだのち，国際理解分野の目標にあわせて，「国内のエビの生産・流通加工・消費」，もしくは「インドネシア」に関連する調査テーマ／調査班を決める。

2）詳細は毎年発行している社会文化体験演習活動報告書〈http://on-site-education.net/iu/activity/（最終確認日：2020年3月12日）〉を参照していただきたい。

調査テーマは学生の関心に合わせて決定されるのだが，毎年，「国内のエビの生産・流通・消費を調べる班」「インドネシアや日本の食文化を調べる班」「在日インドネシア人の生活を調べる班」の三つに分かれることが多い。この国内調査活動は，1）秋学期の短期海外研修時のフィールド調査に備えて，日本で社会調査の方法を学び経験を積むために行っており，また，2）海外研修中にエビ生産者や現地のハサヌディン大学の学生に国内調査の成果を発表し，交流するために行っている。

秋学期の11月初めにインドネシアで海外研修を実施している。毎年15～20人の学生が参加するこの研修では，10泊11日の研修期間中，おもに五つのアクティビティを行っている。第1に，エビを通した日本人とインドネシア人のつながりを理解するために，エビ養殖池とエビ加工工場の見学，エビ生産者（養殖従事者やエビ加工工場労働者）への聞き取り調査を実施している。第2に，インドネシアの異文化社会に触れる機会を作るため，エビ生産者宅でのホームステイ（1泊），モスクの訪問と礼拝の体験を行っている。第3に，ただ一方的にエビ生産者から情報を提供してもらうのではなく，日本のエビの生産・流通加工・消費に関する国内調査結果を，エビ生産者に発表し，意見交換する交流会を開催している。第4に，エビ生産者の前で，エビ天ぷらを料理し，生産者の方々に振る舞うワークショップも実施している。見学させてもらうエビ養殖池とエビ加工工場は日本に輸出するためにブラックタイガーを養殖・加工しているのだが，生産者は普段の生活でそれを食べることはない。生産者の方々に日本におけるブラックタイガーの料理方法の一つを紹介するという文化交流の目的で，エビ天ぷらワークショップを実施しているのである。第5に，現地のハサヌディン大学でもワークショップを開き，国内調査の結果を，インドネシア人大学生に英語で発表し，英語で議論している。インドネシアの大学生から日本人の宗教について尋ねられるなど，学生は普段考えもしない質問を受けることで，日本の社会文化についての新しい気づきを得る機会になっている。

インドネシア研修終了後は，毎年1月中旬に開催している公開シンポジウムの準備や，3月に発行している報告書の執筆を行う。シンポジウムでは，1年間の活動報告や学んだことを発表し，外部から招聘した講師の方々とパネルディスカッションを行っている。報告書は，春学期と夏休みの国内活動の内容を報告する「国内調査結果報告」，海外研修中の活動内容を報告する「フィールドスタディ活動報告」，海外研修中の聞き取り調査結果を報告する「調査結果報告」，学生が1年間を通して学んだことを記述する「個人の成長記録」から構成されている。

■ 2-3　自己変容型フィールド調査実習を考えた背景

わたしがこの演習を担当してから上述の海外研修のアクティビティの内容は大きく変えていない。しかし，2019 年度からフィールド調査の方法を大きく変え，本章の主題の自己変容型フィールド調査を試みるようになった。ここでは自己変容型フィールド調査に至った経緯を述べておきたい。フィールド調査を実施する研修の多くが，同じような悩みに直面し，試行錯誤しているように思われるからである。

1）フィールド調査実習のジレンマ

2017 年度と 18 年度の聞き取り調査は，「エビを通した日本人とインドネシア人の関係を理解する」という学習目標を達成するために，エビ養殖業やエビ加工工場労働についてと，その仕事を取り巻く人々の社会関係についての質問を準備した。事前学習として『エビと日本人』（村井 1988）と『エビと日本人 II——暮らしのなかのグローバル化』（村井 2007）を輪読し，基礎知識を身につけると同時に，批判的な検討も行った。

両文献では，日本人は「エビを食べる人」，海外（とりわけ東南アジア）の人々は「エビをつくる人」という枠組み規定のなかでつながりが描かれていた。しかし，この海外研修では調査対象者を「エビをつくる人々」と規定しないよう心掛け，質問を考えることにした。エビ生産者にとって現在のエビ養殖業・エビ加工工場労働という仕事はさまざまな選択肢のなかの一つでしかない。彼／彼女らが他にどのような仕事の選択肢を持ち，実際どのように組み合わせているのかという複合生業の実態について聞くことにした。また，彼／彼女らがどのような経緯でエビ養殖業・エビ加工工場労働に従事するようになったのか，人生のなかに現在をどのように位置づけ，将来をどのように見据えているのかというライフヒストリーに関する質問も準備した。複合生業という横軸とライフヒストリーという縦軸が交差するなかに，現在のエビ養殖業・エビ加工工場労働の仕事を位置づけることで，エビを「食べる人」「つくる人」の関係ではなく，同時代を生きる日本人とインドネシア人の関係を考察できると考えたのである。以上のようなコンセプトを学生に説明し，比較的しっかりした質問票を準備して，聞き取り調査に臨んでいた。

海外研修中，学生たちは聞き取り調査を 3 回実施する。日本人学生 3 〜 4 名に対してインドネシア人学生 1 名を加えて 1 班を編成し，計 4 班がそれぞれの調査対象者宅を訪問し，聞き取り調査を実施した。調査対象者には海外研修の現地カウンターパートを通して事前にアポイントメントをとるようにしていた。調査は日本人学生が英語で質問し，インドネシア人学生がその英語の質問をインドネシア語に訳すという形で行う。1回の聞き取り調査の時間は，約2時間である。1回目の聞き取り調査では準備した質問の半分も聞けない状況だが，3回目になるとすべての質問を聞けるほどにまで成長していた。

このように聞き取り調査の技術は向上するものの，学生たちは聞き取り調査を楽しんでいるように見えなかった。準備した質問を時間内に聞くという訓練を繰り返し行っているような雰囲気だった。「やらされている」という状況では学生の感性は働かない。調査対象者の話に感動したり，その場の気づきをもとに質問したりすることはあまり見られなかった。頑張って聞き取った情報をもとに深い考察を行って，学習目標を達成できても，「フィールド調査はもうこりごり」となってしまっては本末転倒である。しかし，自由度の高い非構造型インタビューを採用すると，学生が楽しめる要素は増えるだろうが，その調査で学習目標を達成できるのか心もとない。やはり，短い期間で高い学習効果を得るためには，目標に向けて構造型・半構造型インタビューを採用することはやむを得ないのではないかという気持ちがまたもたげてくる。フィールド調査を実施する海外研修の多くは，同じようなジレンマを抱えているのではないだろうか。

2）楽しく，成果のあるフィールド調査方法を求めて

国際理解分野のメインの活動はフィールド調査であるが，実はフィールド調査に初めから魅力を感じて履修している学生は少ない。当初の履修理由は「英語を使ってコミュニケーションできるようになりたい」「海外に友達を作りたい」「エビの収穫を体験してみたい」などさまざまである。フィールド研究者はフィールド調査のなかで目から鱗の経験，物事の見方が変わる経験をし，その魅力の虜になってきた。それを学生にも経験してもらいたいと思うのだが，フィールド調査の魅力や奥深さを口頭で説明してもなかなか伝わらない。入り口（履修理由）はどうであれ，フィールド調査を楽しんでもらって，それからその魅力や奥深さに気づいてもらうという戦略が現実的なのであろう。“Fun”から“Interesting”へ。これが学部教育の要諦なのかもしれない。

以上のような状況のなかで，海外研修の現地カウンターパートの一人であるゴロンタロ大学のアジズ先生の全面的サポートのおかげで，アジズ先生の故郷であるスラウェシ島のマナック村で3泊4日のホームステイを行えることになった。この村はエビ養殖業を主生業としており，人々はイスラーム教を信仰する一方で，民族の

伝統文化が残る村である。比較的長くホームステイできる機会を最大限に生かして，「異文化社会／他者を学び，自文化社会／自己を相対化する」という二つ目の学習目標に重きを置いたフィールド調査を実施することにした。そして，フィールド調査で楽しめる要素を増やすために，質問票を事前に準備するのではなく，学生が自由に調査テーマ・質問を設定できるようにし，現場での気づきをベースにフィールド調査を設計・実施するやり方に変えることにした。

しかし，ここで次の問題に直面した。学生が調査テーマを自由に設定するようにしたことで，わたしの専門とは直接関係のないテーマが出てくることになったのである。調査テーマに関する専門知識は限られ，アドバイスできることも限られることになる。また，比較的長くホームステイできるとはいえ，3泊4日である。この状況で，どうすれば異文化社会を理解し，自文化社会を相対化する，言い換えれば物事の見方が変わるような学生の自己変容を導くことができるのか。この目標を達成するにはフィールド調査の方法を工夫すると同時に，調査後の自己省察や調査結果報告（発表・報告書の執筆）といった活動も含め，体系的に行っていく必要があると考えられた。

以上が自己変容型フィールド調査実習を考えるに至った背景である。以下から，実習の内容をフィールド調査，自己省察，調査結果報告に分けて紹介していこう。

3 仮説法：自己変容を促すフィールド調査方法

■ 3-1 仮説法の特徴とメリット

自己変容を促すフィールド調査方法として「仮説法」なる方法を考案した。仮説法の特徴は研修地で仮説の立案と検証を繰り返し行うところにある。一般的な調査では，事前に現場で情報収集を行い，現場の状況をある程度理解したうえで最も可能性の高い仮説を立案し，検証するというやり方が採用されるであろう。しかし，このフィールド調査では，はじめに1回非構造型インタビューを実施したら，「なぜ現地の方はそう言うのか，そうするのか」という言動の背景にある社会的文脈を問い，それに対する仮説（仮の回答）をすぐに立てる。次の調査でその仮説が間違っていることに気づくことになるが，それでいい。改めて「こうなのではないか」と次の仮説を立てて，その仮説を検証する。このプロセスを繰り返すのである。

なぜ十分現場を理解していない状況ですぐ仮説を立てさせるのか。それは先にエティック（学生の物事の見方）を顕在化させた方が，エミック（現場の方々の物事の見方）に気づきやすくなるからである。エティックに基づく仮説が現場で覆される過程を通して，学生はエミック，すなわち異なる物事の見方を獲得していくのである。また，学生は現地のさまざまな現象の社会的文脈を考察し，それを仮説として出すのだが，この仮説立案は概念化の作業に等しい。概念とは，言い換えれば物事の見方である。現場の実態に即して仮説を修正することは，概念，すなわち物事の見方を修正することに等しく，学生は的確な物事の見方を求めてデータと対話し続けることになる。以上のようなエミックの獲得と概念化の繰り返しのなかで，学生の物事の見方が変わっていくのである。その成果事例は，この後の実践例とともに紹介しよう。

仮説を先に立てることのメリットは他にもある。学生の多くは海外，とりわけ途上国の農村地域になれていない。多くの学生が異文化社会のリアリティに圧倒され，萎縮し，「受け身の姿勢」になる傾向がある。このような状況で，調査を実施し，現地の方から話を聞いても「そうなんだ」と思う程度になりがちである。しかし，「なぜなのか」という問いに対する仮説（仮の回答）を事前に立てると，学生は調査結果を予想することになるので，答えを探す姿勢，言い換えれば「攻めの姿勢」で調査に臨めることになる。謎解きゲームの主人公になった気分だったのだろうか，帰国後，学生は「調査が楽しかった」と述べていた。フィールド調査が訓練のように感じられ，楽しめていなかった前回までのことを考えると，これは画期的な変化であった。

短期間の海外研修の場合，できるだけ多くの情報を収集し，できるだけ多くの物事を見学できるようにプログラミングしがちである。得られた情報の考察は帰国後にでもできるからである。しかし，いくらたくさんの情報を入手したり，経験を積んだりしたとしても，自己の暗黙の前提が覆されるような自己変容を導き出せるとは限らない。情報や経験をステレオタイプな思考枠組みに落とし込んで理解してしまいがちだからである。これでは人類学的フィールド教育の意味が半減してしまう。自己変容を導くためには情報や経験を積み重ねることよりも，考察を積み重ねることの方が重要なのではないだろうか。その点，仮説法なら，情報に基づく仮説の立案を繰り返し行うので，考察が積み重なっていく。学生の自己変容を目標にするなら情報集積型のフィールド調査より，考察累積型のフィールド調査の方が有効であると考えられる。

■ 3-2　実践例

ここから仮説法の実践例と教員のファシリテーションについて，またその成果について説明していこう。

1）調査前の準備

海外研修出発前に学生たちの関心に合わせて調査班（3～5人／班）を組織した。村の方の生業に興味をもつ「仕事班」，イスラーム教徒の女性（以下，ムスリム女性）の服装や化粧に興味をもつ「ファッション班」，伝統文化や宗教に興味をもつ「ハレノヒ班」，料理に興味をもつ「食文化班」が組織された。

渡航前の事前学習としては，研修地であるスラウェシ島で研究を行っている知人の大学院生Mさんにお願いして，調査班の興味関心（現地の生業，服装・化粧，伝統文化・宗教，料理）に合わせた写真を見せてもらい，学生の質問に答えてもらった。こうして学生がなんとなく現場のイメージをもった後，各班で村の方々に聞いてみたいことを考えてもらった。なお，初回の調査では非構造型インタビューを行うことにしたため，質問票は準備していない。

図 6-1　写真を見せてもらいながら聞き取り調査をする学生たち

2）初回の調査

調査は各班が村を歩き，出会った方々に聞き取り調査を実施する形にした。事前に調査のアポイントメントはとっていない。学生たちは村の方々に調査を依頼するところから始めることになる。

通訳を介した英語での聞き取り調査は初めてであったため，はじめはうまくいかなかったようである。しかし，特に指示したわけではないが，ハレノヒ班とファッション班は儀礼の写真や結婚式の写真を見せてもらい，写真を見ながら聞き取り調査を行っていた。話だけではイメージをつかむことができないが，このような方法なら具体的なイメージをもててよい。写真を見ながら疑問に思ったことを質問していた。

ここで教員の調査前の準備と調査時のファシリテーションについて述べておきたい。村の方への調査のアポイントメントがない状態で調査を開始したが，実はカウンターパートのアジズ先生にお願いして，事前に村を訪れ，調査活動を行いたい故を村長に伝えておいてもらっていた。調査のファシリテーションに関しては，各調査班のテーマに即した調査になるが，基本的な姿勢として「すべてのことに興味を持ち，不思議に思うこと」「なんでも聞く，みる」を意識させ，調査を進めるなかで調査テーマが変わっていってもよいと指示していた。実際，食文化班は「食事のシェアを通してみる家族」というテーマに変わっていった。また，参与観察の機会を見つけて，体験するようにと促した。3回目の調査時間に，ホームステイ先の家族が夕食の準備をしていたので，食文化班に料理を一緒に作るよう指示した。

教員が陥りがちな失敗として次のようなことがある。学生はインタビュー調査になれていないため，しばしば沈黙が生まれる。また，通訳から学生への説明で時間がかかり，村の方が暇そうにする状況に出くわす。こういった状況に教員は耐え切れず，村の方に話しかけ，場をつなごうとするのだが，それが行き過ぎて教員と村の方で盛り上がってしまい，場を独占し，今度は学生が質問をしにくい状況になってしまうことがある。学生がインタビュー調査で悪戦苦闘している時も，教員は学生たちのマナーに気を配るくらいで，あまり口を挟まないようにする方がよいと思われる。

3）情報整理と仮説立案

仮説法の場合，調査後の情報整理，仮説立案，質問考案の過程が重要になる。初回の調査が終わったら，各班で聞いた情報，見た情報を大きめの付箋（以下，情報カード）にすべて書き出し，模造紙に貼り付ける。情報カードには通し番号と調査日と調査対象者のイニシャルを書きこんでおくようにする。後で気づいたことだが，情報カードにはキーワードではなく，簡潔な文章で書いた方がよい。文章にすることで認識や理解があいまいな部分に気づくことができる。

情報を付箋に書き出せたら，すべての情報カードを見渡し，「なぜその人はそう言ったのか，そうするのか」「どのような背景があり，そう言うのか，そうするのか」を考えるように指示する。社会的文脈について考えさせ，「○○だからではないだろうか」という仮説を立てさせる。その仮説は情報カードとは異なる色の付箋（以下，仮説カード）に書き，模造紙に貼り付ける。一つの情報カードに対して複数の仮説を出してもよいし，複数の情報カードに対して一つの仮説を出してもよい。仮説カードにはどの情報カードの仮説なのかがわかるように，情報カードの通し番号を書いておく。この段階で学生が陥りがちなミスは，「この情報は○○さんからの情報」「この情報は労働について」など仮説ではなく，情報整理のために異なる色の付箋を使ってしまうことがあるので注意が必要である。

仮説が出尽くしたら興味深いと思うトピックや事柄（たとえば，社会における男女の差，新生児の成長を願う儀礼，結婚式など）を三つ選ぶように指示する。初回の調査で，調査テーマに関するさまざまなトピックや事柄について興味をもつわけだが，すべてを深めていくことはできないから三つ選ぶのである。グループ内でどのトピック・事柄を選ぶか，学生で興味が分かれると思ったが，意外と学生たちの興味関心は三つ以内に収まった。議論が盛り上がったトピックに，自然と関心が向くからであろう。

この段階の教員のファシリテーションは，上述の指示に沿って実践できているか確認し，仮説がたくさん出るように側面支援することである。また，グループのなかには考察が早く，活発に意見を出せる学生がいる一方で，ゆっくり物事を考え，口数が少ない学生もいる。少数の学生で議論が進んでしまっている時，重要そうな仮説を考えている時には，教員が一度議論を止め，全員に意見を求めるなど，皆が発言できる機会を作ることも必要であろう。

教員は学生が考えた仮説の内容に，それがたとえ明らかに間違っていたとしても，口出ししないほうがよいと思われる。上述のように仮説の間違いに気づき，それを修正するプロセスで学生の物事の見方が変わっていくからである。また，仮説が正しいのか，間違っているのか，それを調査で確かめるプロセスが学生の楽しみになるからである。ついつい入れ知恵したくなるのだが，教員の我慢が試される時なのかもしれない。

4）質問の考案

次に，仮説を検証するにはどのような情報が必要になるのかを考え，次の調査のための質問を考えるよう指示する。

この段階における教員のファシリテーションは重要である。学生たちの質問は調査対象者の意識や認識に関する質問（価値質問）に偏る傾向があるので，具体的な事実に関する質問（事実質問）を考えさせるように仕向ける必要がある。たとえば，「ココナッツが食材のなかで重要視されているのではないか」という仮説を立てた場合，「なぜココナッツをよく使用するんですか」と学生たちは直球の質問を考えがちである。そのような質問が悪いわけではないが，昨日の朝食，昼食，夕食の料理は何だったのか，その料理のなかでココナッツがどれくらい，どのように使用されているのか，といった具体的な事実質問を考えさせる必要もある。村の方々の意識・認識のみならず，具体的な事実の積み重ねのなかから物事を理解していく方法を教えるのである。「事実質問を考えろ」といっても学部2，3年生では理解が難しいであろう。その時は「具体的な時間と場所を定めた質問を考えろ」と声をかけるとわかりやすい。

また，なかなか事実質問を考えることができない場合は，仮説が漠然としていたり，抽象的な仮説になっているからかもしれない。そのような時は，より具体的な仮説に修正する必要がある。

次回の調査のための質問がある程度できあがったら，教員が質問のチェックを行うほうがよい。社会調査になれていない学生は，仮説と質問が対応していなかったり，基本事項に関する質問が抜けていたり，時には村の方に失礼になるような質問があるからである。

5）2回目の調査以降のプロセス

2回目の調査では，学生は事前に考えた質問に沿って半構造型インタビューを行う。

教員のファシリテーションは，初回の調査の時と同じである。ただ，2回目の調査の場合，事前に質問を準備しているわけだが，状況に応じて質問を追加するように指示しておく。特に調査中に仮説が間違っていることに気づく場合が多いので，調査をしながら他の仮説を考え，質問を追加するよう指示しておく必要がある。

2回目の調査後の情報整理は，1回目の情報整理と同じ要領で行う。見聞きした情報を前回と同じ色の付箋に書き出し，模造紙の上に貼り付ける。一通り情報カードを書き出せたら，仮説の検証を行う。多くの場合，仮説は間違っているので，新たな情報に基づいて次の仮説を考え，新しい付箋に書いて，模造紙に貼り付けていく。考えられる限り新しい仮説を出していく。間違っていた仮説カードは捨ててはいけない。間違っていた仮説カードは，後で学生の物事の見方の変化を表現する素材になるからである。

仮説立案における教員のファシリテーションは，上述の通りである。2 回目の仮説立案時に新たに行うことは，学生が，仮説は正しかったと安易に判断している時に,「この情報と矛盾している」など仮説の間違いを指摘することである。後述の成果事例でわかるように，適切な言葉で仮説にできていないときに感じる違和感やしっくりこない感じが新しい物事の見方を生み出す源泉になる。適切な言葉で仮説を表現できるまで情報カードに向き合わせる必要がある。

考えられる限り新しい仮説を出したら，そのなかで検討してみたい仮説を三つ選ぶ。前回ではトピック・事柄を三つ選んだのだが，今回は仮説を三つ選ぶようにする。そして，その仮説を検証するための質問を考える。質問を考える時の教員のファシリテーションは上述の通りである。

そして，3 回目の調査を実施する。2019 年度の調査は 3 回までであったが，その後は 2 回目の調査以降のプロセスを繰り返すだけなので，海外研修期間に応じて調査の回数を調整すればよいであろう。以下に紹介するように 2 回目の仮説立案時に学生の物事の見方の変化が確認できた。その新たな仮説に基づく 3 回目の調査を行い，フィールド調査は終了となった。やはり最低でも 3 回の調査の機会が必要であると考えられる。

6）成果

ここでは仮説法の具体的な成果を紹介したい。まず，エティック（学生の物事の見方）に基づく仮説を立てていたが，調査を通してエミック（現地の方々の物事の見方）との違いに気づいた事例を紹介する。

ムスリム女性は肌や髪，身体のラインを隠すためにヒジャブを着用する。ファッション班は，ムスリム女性の服の選択や着こなし方などに興味をもっていた。初日の調査で村の女性から「普段家にいるときはヒジャブとパンツスタイルでいる。時にはヒジャブを着ない時もある」「市場に行く時はヒジャブとスカートを着る」などの話を聞いた。そして，学生は，市場など多くの人が集まる場所では，人目を意識して身体のラインを隠すためにヒジャブとスカートの組み合わせを選んでいるのではないかという仮説を立てた。

次の調査で，市場に行く時にヒジャブとスカートを着る理由を村の女性たちに質問してみると「ヒジャブとスカートの相性がよいから」「美しく見えるから」と宗教的な理由ではないことに驚く。この結果を踏まえ，学生は「綺麗に見えるからヒジャブとスカートの組み合わせを選んでいるのではないか」という新たな仮説を立てるようになっていた。

当初は先入観で宗教の決まりに従った受動的な対応だと考えていたが，実は女性たちの美意識に基づく能動的な対応だという理解に変化したのであった。「宗教的理由であろう」というエティックに基づく仮説を立てていたから，エミックとのギャップを感じ取りやすかったという点に仮説法の効果がある。ある女子学生は「日本でイスラーム教について勉強するなかで，ムスリム女性をいつの間にか「異なる人々」「遠い人々」と感じるようになってしまっていた。しかし，調査を通して宗教や形が違っても美を追求する同じ女性であるということに気づけて，親近感を抱くようになった」と自己省察（次節で説明）してくれた。

続いて，仮説をめぐる議論（概念化）のなかでハレノヒ班の物事の見方が変わった事例を紹介する。ハレノヒ班は，伝統・文化に興味をもっていたのだが，伝統儀礼のやり方や仕事などにみられる男女の差について興味をもつようになっていた。初回の調査で「男尊女卑的な社会なのではないか？」という仮説が出していたが，2回目の調査を終えてこの仮説にしっくりこないものを感じていた。そして，この仮説に変わる新たな仮説を考えている最中に，わたしが議論に参加した。その時の議論を紹介しよう。下の議論に登場するMさんは上述の研修前に写真を見せてくれた大学院生で，研修時期にスラウェシ島に滞在していたので研修に同行してもらっていた。他の学生は学部2年生で海外研修初参加である。なお，発言のなかの括弧書きの言葉は，文意が伝わるようにわたしが足した言葉である。発言と発言の間に括弧書きで書いた文章は，その時取った行動についてである。

（「男尊女卑的な（社会なのか）？」「レディーファースト（の社会なのか）？」という仮説カードに対して，学生が「女性を大切にしているからこそ出稼ぎに行かせないのではないか」という新しい仮説カードを作っていた。わたしは新しい仮説の意味を尋ねた）

Mさん：（学生たちは）昨日まで「男は出稼ぎ，女は主婦」と分かれている状態を，男尊女卑なんじゃないかと思っていたんです。でも，だんだん調査を進めていくと，レディーファーストというか，女の人を卑下しているわけではなくて，むしろ（村の方が言っていたことだが）コーランに書かれているように（女性を）大切にしていて，だから出稼ぎに出さないのではないかという考え方に変わってきて…。でも，大切にしてるから「男は出稼ぎ，女は主婦」っていうけど，それで女性の人が自由かというとそうではなくて，窮屈さを感じているのではないかと思ったり。…省略…。初めの男尊女卑から（レディーファーストへと）対極にはなったんだけど，でもやっぱりちょっと…という感じにみんなの感覚が今日変わってきた状況なんです。

わたし：どういった情報で気持ちが変わってきたのかもっと聞かせて。

A さん：（アキカという）儀礼の時に女の子の場合はヤギを 1 頭，男の子の場合は 2 頭生贄にするんですよ[3]。だから，イスラームのなかで女性を大切にしているのかもしれないけど，ヤギの頭数が男女で違うということも事実で，そこで矛盾に感じてしまって…。

…省略…

R 君　：男女で違うのは（女性を）大切にしているからって言われたから，なんとなくそう理解したんですけど，その割に事実は逆で女性よりも男性の方がお金をかけてもらっているので，大切にしているのならむしろ逆なんじゃないかって思ったんです。

M さん：それで男尊女卑なのかもって思っていたら，別に訪問したお宅では，その家の長は女の人だったんですよ。…省略…。日本だったらその女の人の息子が大きいから，息子の家になるのかなと思ったら，その女の人の持ち家になっていた。…省略…。だから女の人でも家長，家の持ち主になれるんだなって知って，女の人でもそれなりの地位が認められているのではないかという風に思って，振り子が（男尊女卑の極とそうではない極の間で）ビュンビュンビュンと振れた。

D 君　：しかもあともう一つあるのが，（民族が）マカッサルの方とブギスの方が結婚した時，アキカ（のやり方）に違いがあるんですよ[4]。

R 君　：（新生児の）髪を切るんですけど，その切り方が子供を抱いて切るのと，アユナン（＝ゆりかご）に入れて子供の髪の毛を切るのとで違いがあって，そ

3）アキカとは新生児の成長を願うイスラーム教の儀礼のことである。

4）マカッサルとブギスとは，民族の名称である。

れでやり方が違う人同士が結婚したらどうするのって聞いたら，それは夫にあわせるでしょっていうんですよ。

学生皆：それでまた（振り子が）ビュンビュンって（笑）

M さん：それでこういう言葉（＝男尊女卑，レディーファースト）が適切ではなさそうだってみんな感じ始めたんだけど，これをどういう言葉に更新したらいいのかわからないんです。

わたし：なるほどね。

R 君　：男女差別というか区別があって，

Mさん：そう区別なんだよね。

R 君　：別に女性が下とか男性が上とかじゃなくて…。

わたし：今一つ出たんじゃない。「区別」って。書こうよ。それ。

…省略…

わたし：今話してるなかで，フィットする言葉が出てきてるっていいね。「区別」ってしっくりきてるんじゃない？

（「男尊女卑的な？」「レディーファースト？」「男性は力仕事，女性は家を守るという役割？」という仮説カードの上に「男女で区別しているのでは」という仮説カードを重ねる。）

わたし：「差別か，差別じゃないか」というカテゴリーの話じゃなくて，「区別なんじゃないか」っていう別の次元の話になったね。これって見方を変えたんだよね。

以上が，概念化のなかでハレノヒ班の物事の見方が変わった事例である。この事例のなかでは大学院生 M さんのファシリテーションが効果的であった。わたしに状況を説明する必要があるため M さんの発言が多くなっていたが，M さんが議論を先導することはなく，学生の議論の論点を整理しながら，議論を活発化してくれていた。

4　フィールド調査終了後の自己省察

ここではフィールド調査終了後に市内のホテルで行った自己省察について紹介したい。自己省察では，調査の結果に基づき，自分の物事の見方や考え方，または日本社会の見方がどのように変わったのかを考えてもらった。言い換えれば，村の異文化社会の理解から，自文化社会を相対化する作業を行ったのである。具体的に以下のような作業を行った。

まず，3 回の調査を終えて，模造紙には多くの情報カードと仮説カードが貼り付けられているわけだが，情報に基づいて検証できた仮説カードは，理解カードと読み替えるようにと伝えた。また，この模造紙は，テーマについてグループで集めた情報や理解したことのマップであると伝えた。そして，このマップのなかから最も驚いた／印象深く思う情報カード，あるいは理解カードを学生それぞれにフィーリングで選んでもらった。驚く／印象深く思うということは，自分の物事の見方や考え方を揺るがす新たな情報，理解だと考えられるからである。

次に，「自分はなぜその情報や理解を驚くのか／印象深く思うのか」と自問自答してもらった。この問いへ回答を，1）自分は以前まではこう考えていた，しかし，2）こういった現場の情報や理解を得て，3）以前までの考えがこのように変わった，というストーリー構成でスピーチを考えるように指示した。その時に注意を促したことは，目の前にたくさんの日本人（同じ社会文化を共有する人）がいると思って，自分のスピーチを聞いた日本人が「確かに言われてみればそうかも」と思ってもらえそうな内容なのか，それとも「それはあなたの個人的な思い込みが正されただけであって，私たちは前からそう思っていたよ」といわれてしまうような内容なのかを想像するようにと伝えた。目指すのは前者であって，前者のような自己省察であれば，多くの日本人の物事や社会の見方に教訓を与える省察になるのである。

この自己省察の作業を各自行った後，調査班のメンバーがバラバラになるように三つのグループ（1 グループ 5 ～ 6 人）に分け，その三つのグループ内で一人ずつ自己省察のスピーチを行った。調査班のメンバーをバラバラにしたのは，調査活動を共にしていない別の調査班の学生の方が，スピーチの良し悪しを感じ取れると思ったからである。異文化理解／他者理解に基づいて，自文化社会／自己の相対化に成功していると教員が思ったスピーチに対して，聞いていた学生も「あー，確かに」という声を漏らしていた。スピーチ／自己省察の良し悪しに対する教員の評価と学生の評価が一致したことは興味深い。

グループ内で全員がスピーチし終えたら，グループのなかで最も良く自己省察を行えていた学生を選び，最後に三つのグループの代表 3 人がスピーチを行った。良かった自己省察を共有し，さまざまな角度から自文化社会を相対化してもらいたいと考えたからである。三つの代表スピーチの内の一つを紹介しよう。このスピーチは今回が初めての海外研修であった 2 年生（女子）が考えたスピーチである。

> 私の以前の考え方は，イスラーム教は男女差別のようなものがあると感じていました。たとえば着ている服（ヒジャブで頭を覆う）だったりとか，（春学期の活動で）日本にあるモスクに行った時も，お祈りをする場所が男女で分かれていたりとか，そういうので感じていました。で，今回の調査で，アキカという子供の成長を願う儀礼があって，その時にヤギを生贄にするんですけど，男の子の場合はヤギを２頭生贄にして，女の子はヤギを１頭だけ生贄にするっていうのを聞いて，それでまた男女差別なんじゃないかなって思いました。
>
> それで，調査を進めていくなかで，「なんで（男の子と女の子で生贄にするヤギの数が）ちがうんですか」って聞いてみたら，「これはコーランに書かれていて，そういうものなんだよ」「それが当たり前で，そんな深い意味はないよ」って（村の方が）言っていて，そんな差別的な意味はないのかなっていう結論になりました。それで，私は最初，（差別は）おかしいと思ったんですけど，実際はコーランに書かれていることを当たり前のこととしてやっているだけだった（＝区別だった）ので，そういうの（＝見え方の違い）って怖いなと思いました。
>
> 日本で「性別役割分業」とかジェンダーの授業で学んでいて，私はそこまで今の日本の女性の立場で苦しいなって思っていないんですけど，（日本の）外から見たらおかしなことなのかもしれないなって思いました。今回は男女のことだったんですけど，（内からと外からで見え方が違うことは）他にもあると思うので，考えなおしていきたいなと思いました（括弧内の言葉は筆者の補足）。

以上のスピーチの内容は教員のファシリテーションなく，学生が自力で考えたものである。イスラーム教のなかの女性の扱われ方に対して内部の人（村の方々）と外部の人（学生たち）で見え方が異なっていたことを指摘し，この考察を日本のジェンダーの問題にも応用し一般化している。異文化社会の理解に基づき，自文化社会を見つめ直すことができており，多くの日本人に気づきを与えられるような省察になっているといえる。

ただし，以上のような教訓のある自己省察を行えた学生は少数であった。多くの学生は調査結果報告のようなスピーチになってしまい，こちらが指示したような自己省察を行えていなかった。指導方法に改善の余地がある。

5 変化がわかる調査結果報告（発表・報告書執筆）

本節では帰国後の調査結果発表と報告書執筆について紹介したい。

模造紙には情報カードと仮説／理解カードがなんとなくトピックごとに固まっている状態なのだが，まずこの配置を整理する作業を行った。可能な場合は，いくつかの理解カードをまとめてそのトピックに関して明らかになったことの総括を付箋（以下，総括カード）に書いてもらった。総括カードの色は，情報カード，仮説／理解カードと異なる方がよいであろう。情報カード，理解カード，総括カードの空間配置を整理できたら，模造紙の空いている部分に矢印などを書き込み，それぞれのカードがどのような関係にあるのかを図示していく。そして，最も深めることができた理解カード，総括カードを結論にして，この結論を中心に添えた発表・報告書の流れを考える。この時，検証せずに終わった仮説カードや結論に関係のない情報カード，理解カードは取り上げないよう指示した。

ここまでできたら次は調査結果の発表と報告書の執筆を行う。発表と報告書の執筆で重要なのは，それぞれのカードがどういう種類のものかを意識させることであ

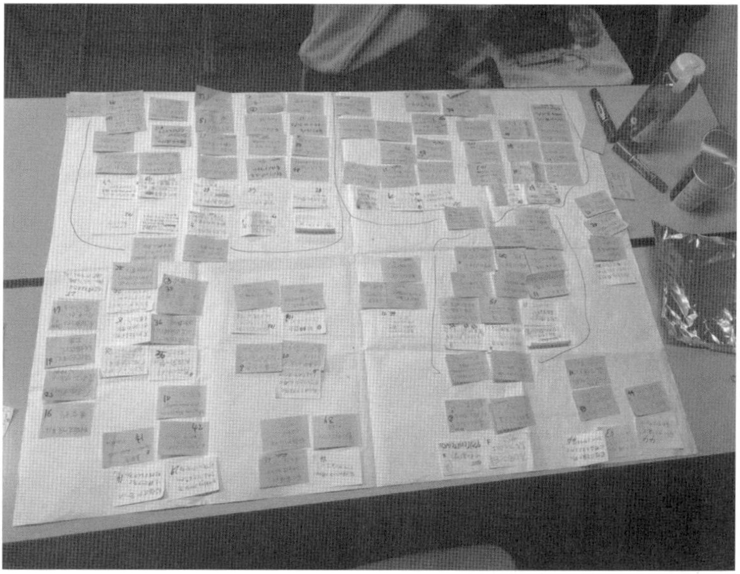

図 6-2　付箋を整理した模造紙

る。情報カードはデータであり，理解カードと総括カードは考察である。そのため，情報カードは「～であった／～といっていた」と発表・執筆し，理解カードと総括カードは「～と考えられた」と発表・執筆するように指示した。この時にカードの色の違いが効果を発揮する。カードの色の違いでデータなのか，考察なのかが一目見ればわかるようになっているのである。

また，発表と報告書執筆では仮説が展開していったプロセスがわかるような発表・報告書執筆を行うよう指示した。学術的な発表・論文／レポートでは間違っていた仮説を発表・記述することはなく，最終的に明らかになったことのみを発表・記述する。しかし，自己変容型フィールド調査の場合，仮説の展開，物事の見方の変化そのものが成果になるのである。

わたしが調査結果の発表や報告書にコメントするときに心がけていることがある。それは「教える」のではなく，「問いかける」ということである。学生の発表・執筆内容に関連する文化人類学・地域研究の研究成果を教えたり，学生の考察・自己省察に関連する理論や考え方を教えたりすることは，指導方法として間違っているわけではない。しかし，教わることに慣れてきた学部生は「先生が言うことや文献に書かれていることが正しく，それと異なることは間違っている」と考えがちである。自分が現地で発見したこと，考えたことをすぐに放棄してしまう傾向がある。学生の受け止め方次第で，「教える」ことが現地で覚えた考えることの楽しさや，物事の新しい見方・考え方を発見した時の感動に水を差すことになりかねないのである。この楽しさや感動が今後の主体的な学習意欲につながっていくにもかかわらず。知識や理論を伝えたいときは，一歩引いて「○○について君はどう思う？」「このようなこと／こんな考え方もありそうじゃない？」と学生の思考を活性化させる材料として提供し，学生に「問いかける」方がよいように思う。この方が学生の今後の持続的／自主的な学習につながるのではないかと思う。

6　まとめ：可能性・限界・課題について

最後に，自己変容型フィールド調査実習の可能性をまとめ，限界と課題を述べておきたい。

自己変容型フィールド調査実習として，フィールド調査方法（仮説法），自己省察，調査結果報告（発表・報告書の執筆）という三つの活動内容を紹介してきた。フィールド調査期間は 3 泊 4 日と短く，調査テーマに関する専門知識が限られているなかでも，この三つの活動を体系的に組み合わせることによって，ある程度学習目標を達成し，学生の自己変容を導くことができたのではないかと思っている。実践事例を重ね，より効率的かつ効果的な方法へと改善していく必要がある。

本章では自己変容を「物事の見方の変化」として記述してきたが，第一章で記述されているように自己変容にもさまざまなレベルがある。本章 4 節で紹介した学生の自己省察を，メジローの省察の 3 段階に位置付けてみると（第一章を参照），「差別だと思っていたが，そうではないかもしれない」という〈内容の省察〉が行われ，「差別かどうかという基準で考えていたが，そうではなく区別なのではないか」という〈プロセスの省察〉まで行われていたといえる。しかし，「差別と区別の違いは何なのか，社会のなかで男女を分けるということはどういうことなのか」といった〈想定の省察〉にまでは達しなかったといえる。さらに言えば，そのような省察を経て，学生自身のふるまいに変化が生じるところまでは確認できていない。フィールド調査期間が短期間であることを考えると，1 度のフィールド調査実習で導き出せる自己変容は〈プロセスの省察〉までが限界なのかもしれない。

帰国後の活動として文献レビューがあるにもかかわらず，本章では取り上げることができていない。学生の調査結果のなかには誤認があったり，情報が不十分なまま考察・自己省察を行っていたりすることもある。文献レビューを行うことで，現場をより正しく理解し，説得力のある考察・自己省察へと導く必要がある。一方で，学生が文献の情報を無批判に受け入れ，自ら調査して知ったことや考えたことを簡単に放棄してしまう危険性もあるので注意が必要である。

最後に，フィールド調査実習に宿命的に付きまとう現地の方々との非対称的な関係について一言述べておきたい。フィールド調査実習では，現地の方々は調査され，情報を搾取される対象になってしまう。本質的な改善にはならないが，少しでも関係を改善するために，2 回目の海外研修に参加する 3 年次学生は出国前に調査テーマに関連する日本の類似事例を調べ，調査時に村の方に紹介するというような，「調査」ではなく「交流」のなかから学びを得るプログラムにしていきたいと考えている。たとえば，新生児の成長の願うイスラームの儀礼であるアキカについて調べたいなら，日本の子供の成長を願う行事について出国前に調べ，村の方に紹介するなどである。また，学生に，私たちの活動が非対称的な関係のなかで成立していることを伝えたうえで，活動させようとも思っている。

謝　辞

社会文化体験演習の国際理解分野は複数の教員の協力体制のもと実施している。また，海外研修においてはオルター・トレード・ジャパン（ATJ）社やATJ社現地法人のオルター・トレード・インドネシア社，ハサヌディン大学のアグネス先生やアンディ先生，ゴロンタロ大学のアジズ先生には，現地カウンターパートとして大変お世話になっている。この場を借りて，協力してくださっている方々にお礼を述べたい。また，海外研修プログラムは，前任の間瀬朋子准教授（南山大学）が作ってくださったプログラムに，後任のわたしが改良を加える形で実施している。この下地のおかげでスムーズに海外研修を行うことができている。御礼申し上げます。

参考文献

川喜田二郎（1967）.『発想法――創造性開発のために』中央公論社
村井吉敬（1988）.『エビと日本人』岩波書店
村井吉敬（2007）.『エビと日本人II――暮らしのなかのグローバル化』岩波書店

column ④フィールド教育と安全管理／危機管理

正課か正課外かという違いはあれ，本書で紹介される事例の多くが教育機関において実施されている。教育機関である以上，学びの質を担保する必要があることは言わずもがなであるが，教室外で実施されるフィールド教育を円滑に進めるためにも，事件・事故を未然に防ぐ安全管理と，事件・事故が生じた後の影響を最低限に抑える危機管理にしっかり取り組む必要がある。また，本書では自己変容を生み出す一要素として偶発性を重視し，これを生み出すための場づくりについても取り上げているが，ともすればこれが事件・事故を誘発することにもなりかねない。

フィールド教育は担当教員が通い慣れた場所で実施される場合が多い。しかしフィールドに明るい教員がついているとはいえ，フィールドでは何が起きるか分からない。事と次第によっては学生側に責任があることもあるが，たとえそうであっても，そのような事態もまた未然に防ぐための準備が必要になるだろう。そのための第一歩となるのは，「完全無欠な安全管理／危機管理などあり得ない」という認識を周囲と共有しつつ，様々な事態に柔軟に対応していく手続きと体制の整備に注力することである。

フィールド教育における安全管理／危機管理を考える上で決定的に重要なのは，事前の準備と活動中の注意の二つだろう。事前に行うべき安全管理として，フィールドではどのような危険やリスクがありうるのかを大学や保護者，そして学生とのあいだで共有しておくことが必要である。また事前に行うべき危機管理として，所属する教育機関の危機管理体制の確認と，それに準じた手続きが必要となる。つまり学内における危機管理委員会等の組織化や，緊急時の連絡体制の構築，そして保険加入や参加承諾書の提出などの徹底である。

だがいくら事前に入念な準備をしても，それだけでは不十分である。いつ何時に起きてもおかしくはない不測の事態に対応するには，活動中にこそもっとも神経を使わなければならない。ちょっとした変化を察知することができるよう，日頃から学生たちとコミュニケーションを取ることはもちろんのこと，体調の相互確認をルーティン化しておくことも必要だろう。また，活動範囲や門限，さらに酒類の取り扱いにも注意を払わなければならない。とはいえ神経質になり過ぎて何でもかんでも禁止してしまっては，フィールドの醍醐味が味わえないのもまた事実である。結局のところ，どのような安全管理／危機管理が必要であるかはフィールドの状況に応じて柔軟に対応をせざるを得ない。

他方，とても扱いが難しいのが精神面のケアである。身体に関わる問題への対処はある程度定式化されてきているが，精神に関わる問題は，担当教員がその手の分野に明るくない限り，扱いが極めて難しいだけでなく，下手に扱ってはさらに深刻な状況を招きかねない。とくに自己変容を目指すフィールド教育においては，〈なじみ〉からの切断それ自体がある程度の苦痛を伴うだけでなく，他者との邂逅と協働を介した自己変容の過程にもある程度のストレスを伴う。学びというプラスの方向に転じるのであれば，それはポジティブなストレスといえるが，ポジティブかネガティブかは事後的にしか判断しようがない。学生との個別の対話を通して心の機微を読み取っていく他ないのが実際のところである。それでも，本書のなかで言及されている言語化という作業は，ネガティブなストレスを軽減させ，プラスの働きへと転換させる上で有効な方法の一つになるだろう。実際，その効果は心理学において実証されている。

そもそもストレスを感じるのは感情が整理できていないからである。そのため言葉によって感情を表現することが，ストレスを緩和させたり，ストレスへの耐性をつけたりするうえで効果的だとされる（Lieberman et al. 2011）。心理学ではこれを「感情ラベリング（affect labeling）」というようだが，言語化を積極的に促していくことは，自己変容型フィールド学習にとって必要不可欠な作業であるだけでなく，フィールドでのストレスを回避したり軽減したりする，精神面での安全管理／危機管理にもなるといえよう。（二文字屋 脩）

【参考文献】

Lieberman, M. D., Inagaki, T. K., Tabibnia, G., & Crockett, M. J. (2011). Subjective Responses to Emotional Stimuli During Labeling, Reappraisal, and Distraction. *Emotion. 11*: 468–480.

第 7 章

フィールドワークと教育を超える協働実践

グローバルな当事者間のニーズ共有接近法の実験から

湖中 真哉
ジョナサン・ディハーン

1 教育を乗り越えるフィールドワーク・フィールドワークを乗り越える教育

本章は，湖中が近年，日本の静岡県とケニアのナロック県において試みている「グローバルな当事者間のニーズ接近共有法」というフィールドワーク型 PBL の方法論を紹介し，その教育上の意義について検討する。フィールドワークには近代教育システムを乗り越える力が潜在しており，また，教育には，従来の人類学的フィールドワークを乗り越える力が潜在している。そこで，筆者は，人類学的な思考をさらに推し進めて，むしろ，学生や地域住民や当事者を人類学者に代わる新たなフィールドワークの主人公に置くことを提案する。そこでは，フィールドワークの目的は，従来の異文化理解からニーズの共有に基づく協働実践へと移行する。文化を跨いだプロジェクトが上位に立ち，そのエイジェンシーが発揮されて，地域住民・学生・人類学者を駆動することで，結果的にそれぞれの立場が相対化される。それは，PBL というよりもむしろ POL（Product Oriented Learning）や PDL（Project Driven Learning）としての特徴をもっている。フィールドワーク型 PBL は，学生が充実感ややりがいを経験したり，将来のキャリアパスを見出したりする契機となる。それは現代の大学教育を覆っているニヒリズムを克服するひとつの方法なのである。

■1-1　教育を乗り越えるフィールドワーク

もとより教育は何のためにあるのだろうか？　近代学校教育とは，つまるところ，国民国家が有用な成人労働者を画一的に生産するための仕組みに過ぎない。教育は若者を規範に従わせ，彼らの間違いや失敗を咎めて効率性を高める。さらに，若者を能力順に選別・序列化し，生産体制の序列に組み込む。教育が実のところ気にかけているのは，一人ひとりの人間というよりは，国民国家と資本主義的生産体制なのである。

社会の在り方が大きく変化し，国民国家も資本主義も行き詰まるにつれ，こうした近代教育システムの限界もまた露呈するようになった。まず，生産体制においては，機械によって代替可能な画一的・規範追従的労働は徐々に必要とされなくなった。また，企業はより安価な労働力を賃金の安い途上国に求めるようになった。さらに大学進学率が上昇した結果，学士が大量に生産されてその価値が減少した。もはや，大学を卒業しさえすれば誰でも就職できるような状況にはない。それでも，大学の教員は，毎年，学生を労働市場に送り出す役割を否応なしに担わなければならない。

一方，日本の高等教育の荒廃は，厳しい批判にさらされてきた（McVeigh 2002）。日本の大学生の学修時間は諸外国の学生と比べて著しく短く（中央教育審議会 2012: 11），東京大学の調査では授業・実験等を除く日本の大学生の授業に関する学修時間は 1 日 1 時間に過ぎないと報告されている[1]。近年，大学の授業は急速にアメリカ的に厳密化されたが，依然として企業は大学受験までの学力のみを評価し，大学入学後の学修内容や成績を評価しない状況はあまり変わっていないため，学生は大学での教育に対するやりがいを失いがちである。日本の大学教育は，まず，大学教育を覆う不信と虚無に向き合わねばならない。

一方で，このような，日本の高等教育システムの現状に対して，フィールドワークや PBL には現在強い期待が寄せられている。第 4 期中央教育審議会大学分科会小委員会の資料においても，「学習の動機付けを図りつつ，双方向型の学習を展開するため，講義そのものを魅力あるものにすると共に，体験活動を含む多様な教育方法を積極的に取り入れる」ことが謳われており，その例として，PBL（Problem/Project Based Learning）やフィールドワークが挙げられている。しかし，OECD の高等教育

1）http://www.mext.go.jp/b_menu/shingi/chukyo/chukyo4/siryo/attach/__icsFiles/afieldfile/2012/07/27/1323908_2.pdf（最終確認日：2020 年 3 月 12 日）

における学習成果の評価（AHELO）によると，グループ討論等の学生の積極的な関与を求められる授業は半分以下だと，日本の学生は報告しているという（Yamada 2014）。

PBL は，学生がプロジェクトの課題解決に挑むことによって，具体的な脈絡に即して学生が自力で考える力を養う学生主導の学びを目指している。ただし，それは具体的な社会の現場で行われるとは限らず，ある種のシミュレーションに終始することもある。一方，フィールドワークは，大学を離れて世間のまっただ中で行われ，講義や書物からではなく，目の前の生きた人と接する経験から学ぶ。しかしながら，PBL とフィールドワークを組み合わせる教育方法は，おもに地理学の分野で検討されてきたに留まり（Bradbeer 1996, Perkins et al. 2001），人類学の分野で検討されることはほとんどなかった。過度の期待は禁物とはいえ，PBL とフィールドワークを組み合わせた「フィールドワーク型 PBL」は――とりわけこの日本において――現在大学教育を覆っているニヒリズムを克服し得る教育法となる可能性がある。

■ 1-2　フィールドワークを乗り越える教育

確かに，フィールドワークには大学教育の限界を乗り越える力が潜在している。しかし，それだけではない。逆に，フィールドワーク教育には，これまでのフィールドワークや人類学を乗り越える力が潜在している。

1980 年代以降に繰り広げられたいわゆる「ライティング・カルチャー・ショック」（クリフォード & マーカス 1996）は，民族誌の在り方に大きな転回を迫った。ならば，教育はどうだろうか？　「ライティング・カルチャー・ショック」以降の人類学は，教育をいかに捉えたらよいのだろうか？　クリフォードらは，自己と他者，調査者と被調査者の二分法を問い直したが，それならば，教える側と学ぶ側の二分法もまた問われねばならない。もし，この発想を突き詰めるなら，専門家たる人類学者が，フィールドワークの技法を一方的に教えるたんなる教育対象として学生を位置づけるだけではもはや十分でない。

ここで人類学的な思考をさらに推し進めて，むしろ，学生や地域住民や当事者こそが人類学者に代わる新たなフィールドワークの主人公なのだとここで仮定してみよう。そうすると，特権的位置から――幸いにも――ステップダウンした人類学者は地球上の異なる地点を結ぶネットワークの媒介者となる。地域住民と学生を主役に置き，人類学者が一歩引く，このような協働モデルは，従来の人類学者による調査者と非調査者の二分法によるフィールドワークの限界を乗り越えることを可能にする。本章が探究するのは，それが教育と人類学にもたらす可能性である。

2 異文化理解を乗り越えるフィールドワーク教育の方法論：グローバルな当事者間のニーズ接近共有法

この移行を果たすためには，従来型のフィールドワークからのもうひとつのステップが必要である。しばしば，人類学的フィールドワークの目的とは，異文化理解とされる。しかし，グローバリゼーションが進んだ結果，社会や文化が国境を超えて複雑に混淆するようになった現在，自文化と明瞭に差異化される異文化を設定すること自体が次第に困難になりつつある。もはや，フィールドとホームの二分法が通用しない時代のフィールドワーク教育を人類学者は真摯に再考する必要がある。

異文化理解にはもうひとつ重要な問題点がある。人類学者の側がいくら異文化理解に関心をもっていたとしても，当の途上国の地域住民はその企てには必ずしも関心をもってはいないことである。たとえば，アフリカの周縁社会では，人類学者は伝統文化に関心を抱いているが，地域住民の側はむしろそれを過去のものとみなし，貧困から脱出することに関心をいだいているといった状況にしばしば直面する（Ferguson 2006）。つまり，人類学者は一見他者に関心を抱いているように見えるが，実際には他者がもつ「異文化」のみに関心があるのだとしたら，他者自身が抱いている関心，つまりニーズは置いてきぼりにされてしまう。

ここで思い切って人類学的なフィールドワーク教育の目的を，異文化理解から転換してみよう。もちろん，自文化と異文化の二分法をたんに批判するだけでは，フィールドワーク教育への新しい展望は拓けない。そこで，こうした二分法を代替し得る接近法とは何かを探求することが課題となる。そこで，筆者は，グローバルなプロジェクトの基礎となる関係性のひとつとして，ニーズを共有する当事者の関係性を提案する。この接近法は，地球上の地理的にも社会文化的にも大きく隔たった地域の人々と何らかの活動を行うに際して，相手を異文化の体現者として扱うのでも，支援や援助の対象者として扱うのでもなく，ニーズを共有する当事者として捉える。それによってはじめて対等な立場に立ったグローバルな協働実践が可能になる。

近年の日本の障害学やケアの社会学においては，非障害者である政治家，官僚，研究者が専門家として障害をめぐる諸決定権を占有してきたことが批判され，障害者自身による「当事者研究」が提起された（中西・上野 2003; 上野 2011）。ここで問題となるのが，「当事者」はどのように定義され，誰が「当事者」になるのかという点である。上野は，「当事者」を，通常の用法「問題を抱えた個人」ではなく，「ニーズの主人公」として定義している（上野 2011: 80; 中西・上野 2003: 3）。ここで問題化されているのは，実践に携わる人物が所与のカテゴリーである「当事者」に分類される属性を備えているかどうかの選別作業ではなく，「当事者になる」ことである。

このように考えると，ニーズは地域住民の側にのみ固定的に存在するとは限らない。むしろ，地域住民・学生・人類学者の共有実践を通じて生成するものとしてニーズを捉え直すことができるだろう。つまり，ニーズは，もともと存在しているとは限らず，地域住民・学生・人類学者の協働作業を通じてその都度発見され，その発見と共有を通じて，三者はニーズの当事者となる。

こうした議論を踏まえつつ，湖中は別稿（湖中 2019）において，これまで実践してきた人類学的フィールドワーク教育プロジェクトの方法論を「グローバルな当事者間のニーズ共有接近法（Global needs sharing approach between parties concerned）」として提唱した。この接近法は，ニーズを共有する当事者となった人々が，地球上の隔たった複数の地域を協働実践によって連接する人類学的教育実践の方法論として案出された。本章は，この別稿をフィールドワーク教育と PBL との関係という観点から再編集して加筆したものである。

3　ケニアのサヴァンナと日本の中山間地域をつなぐ esp プロジェクトの概要

つぎに，グローバルな当事者間のニーズ共有接近法の実践例として，私たちが 2015 年以降実践してきたフィールドワーク型 PBL による教育プロジェクト esp（e-satoyama project: いい里山プロジェクト）の活動概要を報告する[2)]。esp は，日本（静岡県）の中山間地域に暮らす地域住民とケニア（ナロック県）のサヴァンナに暮らす遊牧民を主なアクターとして，野生動物による獣害被害対策等の両者に共通するニーズに対して，人間と自然が相互作用する環境（日本語の「里山」）に生きる当事者としてアプローチする実験的諸実践を継続的に試みている。esp は，「里山」という日本語の単語を，おもに地球上の人間と自然の相互作用による環境課題を表現する概念として捉え，環境（environment），教育（education），貧困根絶（eradicating poverty），エコ・ツーリズム（eco-tourism）などの E をイニシャルとする諸課題を，地球上の異

2）湖中は，研究活動として 1992 年以降ケニアの東ナイル・マー系の言語を話す遊牧民を対象とする民族的研究を継続的に実施してきた。また，教育活動として，1994 年以降所属校の授業において静岡県内の地域社会を対象とするフィールドワークの実習指導を実施してきた。

なる地点において共通の「里山」の問題として共有し，深化させていくことを目指すプロジェクトである。

本章で報告するのは，espが2014年度から2017年度にかけて，ケニア（ナロック県）と日本（静岡県）のそれぞれの地点において隔年度で実施してきた活動の経緯であり，ある種のオート・エスノグラフィー，プロジェクト・エスノグラフィーである。プロジェクトの運営に主に携わっているのは，筆者の所属校静岡県立大学の大学学部生であり，3・4年生のゼミ（演習）の学生が中心である。espの活動には臨地調査も含まれているが，実践的な協力活動も行っており，議論，調査，実践的活動の三つを統合的に一体化しようとしている。本章はこのプロジェクトの報告による教育方法としての検討を主目的とするため，調査内容の詳細については部分的にしか触れない。

■ 3-1　ケニア・ナロック県での第1期活動（2014年度）

本プロジェクトでは，湖中と所属校学部生が2015年の3月にケニアのナロック県のシンコイラレ地区を訪問して，活動を実施した。地域住民は，プルコ系のマーサイで遊牧および観光業を主な生業としており，ごく一部が農耕を行っている。本プロジェクトが，現地でまず実施したのは，マーサイの住民とのワークショップであった。その内容はわれわれ静岡県に暮らす者がかかえる問題についてであった。いわゆる開発援助プロジェクトが，途上国住民の側のニーズの調査を出発点とするのとは正反対に，まずわれわれ静岡県の住民の側のニーズについて報告することを出発点としたのである。報告のおもな内容は，静岡県静岡市葵区におけるイノシシによる農作物被害と，それへのネットや案山子による対策方法で，それまでの調査で得られた情報に基づいている。報告では，最後にマーサイの地域住民に対してこのようなニーズをもつわれわれと協力して，里山の問題の解決に挑むことを提案した。質疑応答では，彼らは肉食獣による人的被害など，より深刻な獣害被害を被っていることが報告され，最後に私たちからの協働の提案の概要が受け容れられた。そして，獣害被害についての調査を行い，日本から持ち込んだ獣害対策用品を設置した。その成果は日本語と英語のリーフレット[3)]にまとめられている。

3）日本語版と英語版のリーフレット公開先：http://ceglos.u-shizuoka-ken.ac.jp/project_20170205esp.html（最終確認日：2020年3月12日）。

■ 3-2　静岡県伊豆の国市での第 2 期活動（2015 年度）

つぎに，静岡県伊豆の国市において，学生ともにおもに観光開発にかかわる課題に取り組んだ。伊豆の国市側から提示されたニーズは，学生としての目線で課題を抽出し，今後の市の活性化につながる解決方法を提案することであった。調査の結果，見つかった課題のひとつは，地域住民の交通環境に関するものであった。そこで本プロジェクトでは，地域住民の生活の妨げとならない推奨ルートに観光客を誘導するために，推奨ルートの観光名所や風景の魅力を調査し，それを伝えるドライブマップを作成した。また，同市では，若齢女性の観光客を集客できていないという課題を抱えていることが判明した。そこで本プロジェクトでは，女子学生が中心となり，若齢女性の視点から魅力が感じられそうなスイーツガイドマップや，写真投稿型 SNS であるインスタグラムとの連動を意識した撮影スポットガイドマップを作成した 4)。

■ 3-3　ケニア・ナロック県での第 3 期活動（2016 年度）

その後本プロジェクトは，活動の場を再びケニアに移し，ナロック県で活動を実施した。第三期の活動の中心となったのが，現地調査結果に基づく『マサイ目線の動物図鑑』の制作である 5)。この企画の端緒となったのは第 1 期活動での調査で，参加学生がフィールドノートに記録したあるマーサイのインフォーマントの発言「（マーサイにとって野生動物は）敵でも味方でもない」であった。その参加学生は，マーサイの地域住民がライオンやゾウ等の野生動物により生命の危機に瀕していることを，調査を通じて学んでいたため，「敵でも味方でもない」という発言は極めて意外に感じられたのである。そこで，発案されたのが，マーサイ住民と野生動物の関係性の在り方をフィールドワークによって記述して，『動物図鑑』を制作するというプロジェクトであった。彼女がこのように特定の視点に立った『動物図鑑』を制作することを発案したのは，前年度の第二期活動において，伊豆の国市で若齢女性の目線からみた観光にかかわるリーフレットを制作したことが影響している。

『動物図鑑』では，まず，インタビューの際にあるインフォーマントが発した「野生動物はマーサイを殺すが，マーサイは野生動物を殺さない」という発言を引用し

4）マップの公開先 : http://izunotabi.com/info/ 静岡県立大学生が観光パンフレットを作成！/（最終確認日：2020 年 3 月 12 日）。

5）『マサイ目線の動物図鑑』公開先 : https://drive.google.com/open?id=12T38qMeJu9e_DW4cL3tiw___EFB6BbW2（最終確認日：2021 年 2 月 18 日）。

ながら，マーサイが野生動物を食用としたり利用したりするのは，既にその動物が死亡している場合のみに限られていることを記述した。これによってマーサイに対するステレオタイプ・イメージの是正を目指した。

また，『動物図鑑』では，「グラントガゼルはシャイだけど平和的」「シマウマは友好的」といったように，マーサイが野生動物の性格をそれぞれ捉えていることを記述した。たとえば，レオパードとハイエナとはどちらも家畜を捕食する点では，マーサイにとって憎むべき害獣である。しかし，マーサイはレオパードの体色と模様は美しいと言い，自力で狩りをする行動特性を評価しているのに対して，ハイエナの体色や屍肉を漁る行動を醜いと評価している。確かにレオパードはマーサイにとって家畜への実害をもたらすという意味では敵であるが，マーサイの美的な基準においては尊重される。つまり，マーサイは野生動物を害獣かどうかという価値基準だけでは評価していないのである。それゆえ，野生動物は「敵でも味方でもない」というマーサイの発言は，野生動物を人間の側の実利的論理で評価するのみならず，野生動物をそれ独自の論理によって評価したがゆえの発言であると理解できる。

さらに，第1期活動で実験的に設置した獣害対策用品が，現地でどれだけの効果を発揮したのかを調査した。野生動物による家畜への襲撃や農作物被害に対して絶大な効果があったとことが判明した。

■3-4　静岡県牧之原市での第4期活動（2017年度）

最後に，静岡県牧ノ原市での第四期活動について報告する。主要な調査は，湖中と所属校の学生が2017年の11・12月に実施した[6)]。この第四期活動の調査は，牧ノ原市農家の獣害被害対策へのニーズが起点となって行われたものである。本プロジェクトでは，2017年12月に牧ノ原市役所にて地域の方々の一部を招いて報告会を開催し，そこで，イノシシの全面的駆除ではなく，イノシシ生息域の調整を提案する獣害対策案を提案した。この案は，意外にもイノシシの駆除を行っている地域の猟師から評価され，「イノシシがたくさんいるということは，その地域が豊穣である証拠であり，イノシシは地域の財産である。イノシシと共存していく道を探さなくてはならない」という発言をいただいた。そして，その猟師の方は，私たちがアフリカの人々と野生動物の調査活動をしてきたので，こうした調査と政策提言ができたのだろうとおっしゃった。確かに，私たちがこのような対策案を提案するに

6）牧ノ原市における活動成果公開先：http://www.city.shizuoka.jp/000774853.pdf（最終確認日：2020年3月12日）。

至ったのは，獣害対策問題に取り組む際に多くの人々が前提としがちなイノシシの全面的駆除という方法からは出発しなかったからである。

それはなぜだろうか。われわれは，このように私たちがイノシシを端から敵とみなさなかったのは，学生がケニアでフィールドノートに記した「敵でも味方でもない」野生動物との関係性の在り方をマーサイから学び，それを自己の見方として受け容れてきたことが影響していたと考えている。湖中は，牧ノ原市での獣害対策に取り組むに際して，学生からさまざまな案を募ったが，既に動物図鑑の制作を経験した彼らからは，イノシシを「敵」として扱う対策案は一例も出されなかった。こうしてケニアで学ばれた人間と野生についての調査成果が，日本の牧ノ原市における実践に活かされることとなった。

4　プロダクト・オリエンテッド・ラーニング（POL）としてのespプロジェクト

このespというプロジェクトは，現在も継続中であるが，つぎに，上記の過去4年間の活動を通じて得られた成果をもとにこのプロジェクトの事例を省察することにより，グローバルな当事者間のニーズ共有接近法のPBL方法論としての特徴を考察する。

ジョン・サヴェリー（Savery 2006）やジョン・トーマス（Thomas 2000）は，PBLのさまざまな定義を検討している。トーマスは，こうした検討に基づき，PBLの規準を五つにまとめている。まず，彼の規準にしたがって，本章で報告するespプロジェクトがPBLに該当するかどうかを検討する。その検討結果を示したのが表7-1である。この表に示したように，espプロジェクトは，トーマスによる五つの基準をいずれも満たしている。つまり，本プロジェクトは，少なくともトーマスによる基準の観点からは，PBLとしての特徴を備えていると判断できる。

ところで，ヤン・ザオ（Zhao 2016）は，PBLからの派生として「プロダクト・オリエンテッド・ラーニング（Product-oriented learning: POL）」を提唱している。POLは，起業家志向の教育パラダイムであり，学習者を消費者から創造者へと転換することを企図している。ザオがとりわけこの観点から重要であると考えているのは，プロジェクトによる最終成果物，つまりプロダクトである。ザオによれば，POLはPBLとは五つの点でPBLとは異なる特徴をもっているという。

つぎに，本章で報告するespプロジェクトがPOLに該当するかどうかを，これら

表 7-1　トーマスによる PBL の基準とそれに対応する ESP プロジェクトの要素

番号	トーマス（Thomas 2000）による PBL の基準	PBL の基準に対応する ESP プロジェクトの要素
1	PBL のプロジェクトはカリキュラムに対して周縁的ではなく中心的である	本プロジェクトは，大学の正規の演習科目（いわゆる「ゼミ」）としてカリキュラムに位置づけられており，フィールドワークはゼミの中心的方法論である。ただし，なかには単位修得とは無関係に参加する学生もいる。
2	PBL のプロジェクトは，専門分野の中心概念や原則と出会う（そして格闘する）方向に学生を駆り立てる問いや課題に着目する	たとえば，本プロジェクトにかかわった学生達は，現地で実際の活動や質問を行いながら，同時にノートをとったり，写真を撮影したりすることを経験することになるが，その際に，はじめて自分が行っていることが，人類学的フィールドワークの中心概念である「参与観察（participant observation）」や「反構造化インタビュー（semi-structured interview）」であることを実感し，この概念と出会うことになる。
3	プロジェクトは調査研究を構築するに際して，学生を巻き込む	本プロジェクトの調査研究の構築は，企画段階から学生主導で行われている。たとえば，『マサイ目線の動物図鑑』は，毎年度一回，「esp ワークショップ」と称するアイディア・コンペで学生が発案したアイディアによるものである。
4	プロジェクトは学生によってある意義深い程度にまで推進される	本プロジェクトを中心的に推進しているのは，ほとんどが学生であり，教員はそのサポーターやアドバイザーに徹している。
5	プロジェクトは学校っぽいものではなく，現実的である	本プロジェクトでは，マサイの獣害対策に実質的な効果を挙げたり，伊豆の国市を訪れる観光客向けのリーフレットを作成したり，牧ノ原市に政策提言を行ったり，実社会に強く関わり，そして働きかけており，さまざまな現実をつくり出している。

五つの点について検討した。その検討結果を示したのが表 7-2 である。この表から，PBL と PBL の派生形である POL を比較対照した場合，esp プロジェクトは，より POL に近い特徴を示していることがわかる。

人類学的フィールドワークにおいては，もちろんこの「プロダクト」は，民族誌ということになる。しかし，esp プロジェクトにおけるプロダクトの在り方は伝統的な意味における民族誌の在り方とはやや異なっている。このプロジェクトでは，その調査成果を，学術的な意味での民族誌テクストとは異なり，観光マップや動物図鑑等として，印刷媒体およびインターネット上の電子ファイルで公開した。『動物図鑑』は，学生の発案で，サファリパークの展示施設に寄贈され，そこで公開されている。これらいわば民族誌的リーフレット（ethnographic leaflet）は，普遍的な学術的価値を志向した民族誌ではないが，特定の身近なコミュニティのなかで状況付けられた意味を持ち得る成果物である。つまり，民族誌的リーフレットは，民族誌のたんなるリーフレット版を意味するものではなく，「状況付けられた学習」（レイ

表 7-2　ザオによる POL の PBL に対する相違点とそれに対応する ESP プロジェクトの要素

番号	ザオ（Zhao 2016）による POL と PBL の相違点	POL と PBL の相違点の説明	PBL の基準に対応する ESP プロジェクトの要素
1	企業家精神の育成か教育内容の習得か	PBL の主要な関心は予めカリキュラムによって定められた教育内容や技能の習得であり，プロジェクトやその成果物は，たんにカリキュラムの目標を達成するための二次的手段である。これに対して，POL の主要な関心はプロジェクトの成果であるプロダクトそのものである。そのプロジェクトが予め定められた教育内容をどの程度達成するのに役立ったかのは，二次的な問題である。	本プロジェクトの場合，そもそもカリキュラムが目指す地点が，フィールドワークを行って初めてわかる発見の習得であり，それはフィールドワークに先立って予め決めておけるものではない。本プロジェクトは，とくに起業家の育成を目指すわけではないが，教育内容が予め決められるわけではない点や，プロジェクトの成果が主要な関心となる点においてはより POL に近い性格をもつといえる。
2	学生主導か教員主導か	PBL の関心はすべての学生に対して予め定められた同一の教育内容を学ばせることにあるため，教員がプロジェクトを主導する。これに対して，POL は，起業家的発想を育てるために学生にプロジェクトの主導を委ねる。起業家的資質の最も重要な点のひとつは，ニーズに注意を払う能力である。それを育成するために，POL は現状を改善できる潜在的なニーズがどこにあるかを学生に問うところから始める。そして，提案された解決方法が，プロジェクト実行へ向けての駆動力になる。	本プロジェクトの場合，グローバルな当事者間のニーズ接近共有法を主要な教育上の方法論としているため，地域住民のニーズを問うところから始めるという点で POL により近く，その結果，学生主導でプロジェクトが進められる。そして，それがプロジェクトの駆動力になる点も共通している。ただし，ザオのいう POL と本プロジェクトが異なっている点は，本プロジェクトでは，そのニーズが消費者やユーザーという観点ではなく，当事者という観点からグローバルに「共有」されるという点である。
3	強みが基本か，弱みをなくすか	PBL はすべての学生に同じ教育内容を学ばせるために，学生の弱みを修正することに重きを置くのに対して，POL では，企業家が彼らの強みを活かす一方で，弱みについては外部委託するのと同様，強みを伸ばすことだけに重きを置く。	本プロジェクトの場合，各学生が自らの得意分野を活かすことを第一に役割分担を行っている。たとえば，イラストやデザインが得意な学生が『動物図鑑』のデザインを行ったし，計算が得意な学生が会計を行った。各学生が弱い部分については他の学生に頼ったため，強みを伸ばす教育が中心となった。
4	最終成果物の品質	PBL では，予め定められた教育内容の習得が重要なため，最終成果物の品質はまったく問題ではない。これに対して，POL は，学生が優れた品質の最終成果物を創り上げる情熱を育むことを目指している。	本プロジェクトは，明らかに学生は最終成果物の完成度に強くこだわっており，少しでもよい成果物を完成させたいと考えている。
5	最終成果物の使用	PBL では成果物は，授業での発表や学内展示，家庭への持ち帰りに終始する。しかし，POL の成果物は，実際にそれを使用する使用者のもとへと届けられる。	本プロジェクトでは，たとえば，成果物のひとつである『動物図鑑』はインターネット上で公開されたり，学生の発案によってサファリパークで公開されたりした。

ブ・ウェンガー 1993）と同様の意味で，いわば「状況付けられた成果物（situated product）」なのである）。

また，民族誌的リーフレットは，世界遺産を訪れる観光客に対して地域住民への影響が少ない迂回路を利用することを呼びかけたり，調査成果を通じてマーサイ住民が苦しんでいる獣害の現状を公表したり，彼らに対する外部の偏見を修正することを促したりすることによって，特定の現地住民のニーズに基づいて何らかの現実変革を実現するために編纂されている。私たちは同時に日本製の獣害対策用品を設置する活動も実施したが，このリーフレット作成はそれと並行して行われ，その活動と同様の実践的活動として学生達に受けとめられた。

以上を総合すると，esp プロジェクトは PBL プロジェクトではあるものの，POL により近い特徴を備えていると判断できる。そもそもフィールドワーク教育は予め定められた教育内容の習得を目指すというよりは，現場で初めてわかる発見の習得を目指しているからである。ザオは，学術的な教育内容の習得と起業家的心構えを繰り返し対比しているが，フィールドワーク教育の場合，そもそも「学術的な教育内容の習得」自体が，予め定められたものではなく，むしろ本来的な意味での起業家的精神に近いのである。

5 プロジェクト・ドリブン・ラーニング（PDL）としての esp プロジェクト

esp プロジェクトは確かに POL としての特徴をもっているが，さらに言えば，プロジェクトがさらにプロジェクトを生み出し，それが国境や文化の壁を越えて相互に変換されていくところに大きな特徴がある。esp では，とりわけ第三期以降，プロジェクトの蓄積が新しいプロジェクトを生み出し，このプロジェクト自体がひとつのエージェントとなっていった。その結果，参加する人々がプロジェクトを動かすのみならず，プロジェクトがそこにかかわる人々を動かしていった。このプロジェクトを動かしているのは，湖中のみでもなく，参加学生のみでもなく，現地住民のみでもなく，それらの協同的作業を通じて生まれたプロジェクトそのものなのである。

たとえば，静岡県伊豆の国市において若齢女性目線の観光リーフレットを制作したことが，特定の目線からの民族誌的リーフレット作成という発想を生みだし，『マサイ目線の動物図鑑』をケニアでのフィールドワークを通じて制作する試みにつながった。そして，その図鑑の制作を通じて，マーサイにとって「野生動物は敵でも味方でもない」という発言の背景を探求し，その結果，彼らの野生動物との関係性を解明した。さらにそれが，静岡県牧ノ原市において野生動物の駆除ではなく，共存を志向するピンポイント対策案を提案できたことへとつながった。このように，過去の4年間のespの活動においては，日本の中山間地域で生み出された発想は，ケニアのサヴァンナに活かされ，ケニアのサヴァンナで生みだされた発想は，日本の中山間地域でも活かされた。

このように，国境や文化を越えたプロジェクトそのものが，予想外にその次のプロジェクトを動かしていくような特徴を，ここでは「混成的なプロジェクト・エイジェンシー（hybrid project agency）」と呼んでおく。そこにかかわった人々は，教員を含め，必ずしもプロジェクトを明確な意図の下に統制していたわけではない。むしろ，それまで蓄積されてきた既存のプロジェクトの知見や成果によって，そこにかかわった人々が偶発的出来事を取り入れ，予想外に動かされる事態が起こったのである。

グローバルなニーズ共有接近法から展望されるのは，フィールドとホームをまず自文化や異文化として囲い込むことから出発するのではなく（Gupta and Ferguson 1997），フィールドとホームを問わず，ニーズを共有する者が当事者になり，協働作業を通じて課題を探求することを通じて混成的現実を作り上げるようなフィールドワークと民族誌の在り方である。そこでは，人類学的実践の焦点は，「既にかくある」文化から，「将来かくありたい」潜在的可能性としての「ニーズ」に移行している。

インゴルド（Ingold 2018）は，人類学の学問的な独自性の所在を，「文化」や「相対主義」や「民族誌」に求める見方を退け，それを，人類学者が，人々をたんなる研究対象として研究すること（studying of people）ではなく，研究対象となる人々とともに研究すること（studying with people），つまり同じ地平に立つある種の協働に求めている。しかし，彼は，「なぜ研究対象となる人々が人類学者とともに研究しようと思うのか」という点は必ずしも問題にしていない。これに対して，この起点をニーズの共有に求めるのが，グローバルなニーズ共有接近法だと言ってよい。

この方法論においては，従来の協働民族誌において想定されてきたように民族誌家と地域住民が協働するのではなく，混成的なプロジェクト自体がエージェントとなって民族誌家と地域住民の協働を駆動することが起こりつつある。この方法論において採られるのは，民族誌家が地域住民のニーズをパターナリスティックに支援するような応用人類学的協働の技法ではなく，ニーズ共有による混成的なプロジェクトそのものがエージェンシーとなって，民族誌家と地域住民の双方を動かしていくような協働の技法である。こうした協働の技法は，調査者と被調査者，支援者と被支援者といった非対称的二分法を前提としたフィールドワークと民族誌の在り方を――道徳的次元とは異なる方法論的次元で――融解させていくことだろう。

そしてそれは，教える者と学ぶ者の関係性についても当て嵌まる。esp プロジェクトはその後，2019 年 8 月にケニアのナロック県で活動を実施した。詳しい経緯は省くが，この際に獣害対策用品を複数の集落でテストすることを試みた。湖中は各地で獣害対策のワークショップを開催してはどうかとアドバイスしたが，事前の周知不足で十分に参加者が集まらなかった。実は，学生達は教員のアドバイスには従わず，事前に自分達で相談して模造紙を準備しており，牧ノ原市でかつて先輩が行った地図を使った調査を現地で実施して，この難局から自力でリカバーした。このように，フィールドワークの現場は偶発性に満ちているのであり，教員が間違っていることもあり得る。しかし，ここでより重要なことは，何よりも学生達の方が湖中より過去のプロジェクトからよく学んでいたことである。学生達は湖中ではなくプロジェクトを師としていたのである。

フィールドワーク教育において教育者と学生の双方が耳を傾けるべきエージェントとなり得るのは，当事者のニーズに駆動されるプロジェクトそのものなのである。このプロジェクトを通じて，教員として湖中が学生に教えたことはごく限られている。学生の自主性は尊重されたし，地域住民からも学んだがそれだけではない。教員も参加学生も，そして地域住民も，このプロジェクトを通じて創り上げられる混成的現実に教えられ，そこから共に学んだのである。

つまり，教育者と学生の双方が共にプロジェクトに従属する関係に置かれることによって，非対称的二分法を解消するとまでは言えなくとも，少なくとも非対称的な関係性が変質する可能性がある。こうして，グローバルなニーズ共有接近法は，対称性を基調とする人類学的教育の可能性を拓くひとつの手がかりとなり得ると思われる。

さらにそのプロジェクトは学年を越えて受け継がれ，そのことがさらにそのエイジェンシーを強めている。参加学生は次のように発言している。

> チームワークの仕組みは先輩達から受け継がれてきました。私の先輩もこういう風にやってきましたし，後輩も同じようにやっていくと思います（当時 3 年女子）。

これらのプロジェクトは代々受け継がれ，その時々の学生によって変化もします。OB や OG もつながっています。このプロジェクトが，これからもずっと続いて欲しいと願っています（当時 3 年女子）。

この意味において，esp プロジェクトは，PBL や POL とは異なる特徴を有している。esp プロジェクトが行ってきたことは，教員が教えるのではなく，プロジェクトによって，教員も逆に教えられるような，フィールドワーク教育法である。あえていうなら，それは，プロジェクトに駆動される協働の学び，つまり PDL（project driven learning）であるといえるだろう。PBL は予め定められた教育内容を教えるし，POL は起業家的心構えを教えるが，PDL はプロジェクト共有の可能性を教える。PBL は学術的な教育内容を教えることで研究者を育成し，POL はプロダクトに着目することで起業家を育成する。しかしながら，PDL においては教育内容やプロダクトよりも，プロジェクトによって駆動される共有力や協働力そのものが意味をもっており，さまざまな境界を乗り越えて問題意識を共有し，協働して課題に取り組む人物を育成するのに適しているといえるだろう。

6　自己自身を発見するために遠くの他者から学ぶ

フィールドワーク型 PBL は，大学の専門領域をただ学生に押しつけるだけの教育体系がもつ限界を突破する。充実感ややりがいを味わった学生は，おそらく何のために大学で勉強しているのかを疑問に感じることはもはやないだろう。それは，社会との接点をさぐり，キャリアパスを模索する学生に対して，彼／彼女らがいきいきと活躍し得る充実感ややりがいを経験させてくれる。それは，たんに就職活動に役立つスキルを磨いて他の学生との競争を勝ち抜く，といった卑小な次元の話ではない。国家や資本主義を越えて，近代教育システムを越えて，一人の人間として——ただし，人類の一員たる人間として——地に足の着いた，しかもひろがりのある生の意味を発見していく過程でもある。それはまさに人類学的教育が目指し続けてきたものではないだろうか。

つまり，フィールドワーク型 PBL は，学生自身が自らの興味関心の所在を見つけ，自己自身を発見し，それを将来に繋げていくキャリア形成の重要なステップにもなり得る。自己自身を発見するのにもっとも相応しい方法は，遠くの他者から学ぶことであるというレヴィ＝ストロース（1986）が世阿弥から展開させた至言は，学生のキャリア教育にもあてはまる。

現在の日本の大学教育を覆うニヒリズムは，もちろん昨今の反知性主義や反動主義によっても，グローバル・エリートの居丈高な開き直りや安易なオルタナティブによっても乗り越えることはできない。しかし，フィールドワーク型PBLという，現場に即した，自発的な知のあり方は，近代の行き詰まりと教育ニヒリズムをひとつひとつ現実に乗り越えていくことを可能にする。espプロジェクトに参加した学生が味わった充実感は，その証左である。それは，既に実現可能な，教育ニヒリズムを乗り越えるひとつの強力な方法なのである。

謝　辞

ケニアのナロック県住民の方々，静岡県伊豆の国市，牧ノ原市の住民の方々，静岡県立大学の故東宏乃地域連携コーディネーターを始めとする多くの方々には本プロジェクトの遂行にご協力いただいた。本研究はJSPS科研費JP16K13305，JP18H03606，JP25257005，静岡県立大学学部研究推進費，教員特別研究推進費の助成を受けて行われた。静岡県伊豆の国市での活動は，一般社団法人ふじのくに地域・大学コンソーシアム平成27年度ゼミ学生地域貢献推進事業として同法人からの助成金を受けて実施した。静岡県牧ノ原市での活動は平成29年度しずおか中部連携中枢都市圏地域課題解決事業助成金の交付を受けて実施した。以上の方々の御厚意と御協力に，心より御礼申し上げる。

参考文献

Bradbeer, J.（1996）. Problem-based Learning and Fieldwork: A Better Method of Preparation? *Journal of Geography in Higher Education*. *20*（1）: 11–18.

Ferguson, J.（2006）. *Global Shadows: Africa in the Neoliberal World Order*. Duke University Press.

Gupta, A., & Ferguson, J.（1997）. Discipline and Practice: ‘The Field’ as Site, Method, and Location in Anthropology. In A. Gupta, & J. Freguson（eds.）*Anthropological Locations: Boundaries and Grounds of a Field Science*., University of California Press, pp.1–46.

Ingold, T.（2018）. *Anthropology: Why It Matters*. Polity.

Marcus, G. E.（1995）. Ethnography in/of the World System: The Emergence of Multi-Sited Ethnography. *Annual Review of Anthropology*. *24*: 95–117.

McVeigh, B. J.（2015）. *Japanese Higher Education as Myth*. Routledge.

Savery, J. R.（2006）. Overview of Problem-Based Learning: Definitions and Distinctions. *Interdisciplinary Journal of Problem-based Learning*. *1*（1）: 9–20.

Thomas, J. W.（2000）. *A Review of Research on Project-based Learning*. Autodesk Foundation.

Yamada, R.（2014）. Japanese Higher Education: Policies and Future Issues. In *Measuring Quality of Undergraduate Education in Japan*. Springer, pp.17–33.

Zhao, Y.（2012）. Product-Oriented Learning: What Is It? In Y. Zhao, H. Tavangar, E. McCarren, G.

F. Rshaid, & K. Tucker（eds.）*The Take-Action Guide to World Class Learners Book 2: How to "Make" Product-Oriented Learning Happen.* Sage Publications, pp.8–16.

上野千鶴子（2011）.『ケアの社会学――当事者主権の福祉社会へ』太田出版

湖中真哉（2019）.「グローバルな当事者間のニーズ共有接近法――ケニアのナロック県と日本の静岡県を繋ぐ人類学的教育実践の事例から」『文化人類学』*83*（4）: 631–641.

クリフォード, J., & マーカス, G. E.［編］／春日直樹ほか［訳］（1996）.『文化を書く』紀伊國屋書店

中央教育審議会（2008）.『第 4 期中央教育審議会大学分科会制度・教育部会学士課程教育の在り方に関する小委員会の議事録・配付資料』中央教育審議会〈http://www.mext.go.jp/b_menu/shingi/chukyo/chukyo4/018/gijiroku/08022508/002/004.htm（最終確認日：2019 年 9 月 10 日）〉

中央教育審議会（2012）.『新たな未来を築くための大学教育の質的転換に向けて――生涯学び続け，主体的に考える力を育成する大学へ（答申）』中央教育審議会〈http://www.mext.go.jp/component/b_menu/shingi/toushin/__icsFiles/afieldfile/2012/10/04/1325048_1.pdf（2019 年 9 月 10 日閲覧）〉

中西正司・上野千鶴子（2003）.『当事者主権』岩波書店

マーカス, G. E., & フィッシャー, M. M. J. ／永渕康之［訳］（1989）.『文化批判としての人類学――人間科学における実験的試み』紀伊國屋書店

レイヴ, J., & ウェンガー, E. ／佐伯　胖［訳］（1993）.『状況に埋め込まれた学習――正統的周辺参加』産業図書

レヴィ＝ストロース, C. ／三保　元［訳］（1986）.『はるかなる視線　1・2』みすず書房

column ⑤フィールドへのインパクト

学生の自己変容を直接的・間接的に引き起こす磁場はフィールドにあり，自己変容型フィールド学習はフィールドなくして成立しない。だがフィールドとは人びとが社会生活を送る場でもある。ゆえにフィールドに対するインパクトに無自覚であることは許されない。

とくに人類学ではフィールドワークを学問的営為の中心においてきたからこそ，フィールドワークに伴う倫理に対してひときわ敏感である。植民地支配や戦争に利用され，看過しえぬ影響を調査対象者に与えてきた歴史的背景を考えれば当然のことだろう。また，調査対象が同時代に生きる人間であるために，人びとのプライバシーの侵害や情報搾取といった危険性をフィールドワークは常に抱えている。そもそも，調査対象者から依頼があってフィールドワークが行われているわけではない場合がほとんどである。「人様の家に土足で上がり込む不届き者」と冷笑されぬよう，フィールドに対する倫理と責任を引き受けなければならない。

もちろん，研究と教育をイコールで語ることはできないが，フィールドの人びとにとって大した違いはない。だからこそ，研究倫理を学生と共有しておく必要がある。たとえば日本文化人類学会は 2008 年に「日本文化人類学会倫理綱領」を制定し，学会員が研究・教育を行うにあたって遵守すべき倫理上の原則と理念を示しているが，これを参考にフィールドとの関わり方を学ぶことも一つの方法だろう。

だがこうした倫理規定を守れば一件落着というわけではない。文化や生活習慣が違えば，ちょっとしたふるまいが相手の迷惑になることも十分にある。研究者でも往々にしてそうした過ちを犯してしまうのだから，学生ともなればなおさらである。しかしだからこそ，他者に対する想像力を養うことが可能にもなる。「自分が逆の立場だったらどう思うか」というちょっとした問いを発して考えるだけで，フィールドに対する負のインパクトは軽減されるだけでなく，他者を介した自己変容にも一定の効果がもたらされるだろう。

他方，「フィールドへのインパクト」というと，どこかネガティブな事態が想起されるが，それは一面的な理解であることも忘れてはならないだろう。例えば PBL は何かしらの課題を設定し，その解決に向けたアプローチを学生の主体性に基づいて考えていく教育実践である。フィールドの人びとが考える課題だけでなく，外部者だからこそ異なる視点をフィールドに提供することは十分可能であるし，実際にそのように努めなければならない。経済的に不均衡な関係の是正を目指すフェアトレードや，過疎化が進む地域の活性化，生活の質的向上を目指すボランティア活動，獣害対策に向けた課題の共有など，多様な課題を前にどのようなアプローチが望ましいかをフィールドに根差して考えていく必要がある。
　そもそもフィールドは閉じた空間ではない。人びとは常に外部との関係を見定めながら彼らなりの生活世界を築いている。人びとの生活に深く関与することを前提とするフィールド教育であるからこそ，自分たちの活動がどのようなメリットを提供できるのかを考える責任とそれを実行に移していく努力が必要だろう。そして，そこに WIN-WIN な関係を見出すことで，フィールドにもポジティブなインパクトを与えることが十分可能である。
　教員の役割とは，人びとの生活に介入することで生じる負のインパクトを可能な限り縮減するよう努力することであると同時に，正のインパクトを可能な限り増幅するよう尽力することにある。ここに，フィールドとの関わりについて議論を重ねてきた人類学の真価が発揮されるだろう。（二文字屋 脩）

第 8 章

教室で再現するフィールド

パフォーマンスによる北米先住民カスカの民族誌

飯塚 宜子

1 子どもたちと文化人類学

文化人類学や地域研究は大学の専門科目として扱われ，初等教育課程や中等教育課程の一般教育には導入が難しいとされている。確かに，さまざまな分析理論について，子どもたちが学ぶことは難しい。しかし，日常では出会えないような多様な考え方や他者について知ることは，人間の可能性に気づくことであり，学習者自身の知恵や存在を豊かにする。人類学が蓄積してきた知は，瑞々しく柔軟な感性をもつ子どもたちとも，ぜひ共有したいものではないだろうか。ところが，人類学者が子どもたちと狩猟採集民の話をすることはあまりない。もし話をしても，「そんな人もいるんだね」「でも僕の生活とは関係がないよね」と他人事で終わってしまう予感もする。

例え現地に出かけたとしても，「そんな人もいるんだね」と捉え帰国する大人もいる。彼らの旅を，自己変容型ではなく知識増加型だと，敢えて二項対立的に形容してみよう。フィールドワークといえども，自然科学分野や人間以外を対象とするデータ収集等は，この知識増加型としての性格が強いだろう。人類学者による自己変容型フィールドワークとは様相が異なる。自己変容型と知識増加型，そこには学習設計の違いがあるだろう。

日本の教育モデルとして多くの場合に採られてきたのは，精選されたミニマムな知識を，教師の頭の中から生徒の頭の中に移すという「導管モデル」である（高尾 2017: 145）。学びの内容は予め教科書に記され，歩くコースもカリキュラムとして定められ，逸脱できない。導管モデルは「知識増加型」の設計である。もし，人類学者がフィールドにおける豊かな経験を民族誌に描いても，そのテキストを教室に持ち込み，人類学者の頭の中から学習者の頭の中に移そうとした途端に，知識増加型の導管モデルになる懸念があるのだ。横田は，「学び」は内発的な欲求やニーズのあるところで，それらが妨げられない状況にあるときに生まれやすいことを考えると，教室は学ぶために設定された場でありながら，ある種の学びについて学び難いという特性をもつと述べる（横田 2014: 98）。この「教室性」という特徴の解体のためには，教室の外に出る（フィールドワーク）か，教室から教室性を外すことが必要になる（横田 2014: 98–99）。

そこで本章では，教室でフィールドを再現する試みを行い，フィールドの再現は「教室性」を外すのか，自己変容型の学びを生じさせるかを検討する。近年，アクティブラーニングなど能動性に重点を置く「主体的・対話的で深い学び」（中央教育審議会 2016）が目指され始めている。本章の検討は，「知識増加型」に重心がある教育システムのなかに，認識の枠組みを押し広げる「自己変容型フィールドワーク」的なカリキュラムを置くことは可能だろうかという問いでもある。そして同時に，文化人類学の知を子どもたちに開くとは，フィールドワークで得た「内容」のみならず「方法」を開くことと関連するという仮説にも則るものである。さらに，今日の世界で「先住民社会」を学ぶことの意味を，子どもたちに問いかけるものでもある。

2　カナダ先住民の「フィールド」を教室で創る方法

■ 2-1　カナダ先住民カスカ

北米先住民社会には，「人間は土地の一部，人間は水の一部」という言葉がある（McClellan 1987，飯塚 2015）。環境と人間が分かち難く「一つのもの」であることの信念や思想が込められている。本章で紹介するワークショップ「動物と話す方法」は，文化人類学者山口未花子によるカナダ先住民カスカの民族誌（山口 2011; 2012; 2014）のエッセンスを抽出し，わかりやすく翻訳する作業を通して開発した。

カスカはユーコン準州南東部からブリティッシュ・コロンビア州北東部にかけて活動してきた先住民で，現在は定住し，見かけ上は非先住民であるカナダ国民とそれほど違う生活をしているわけではない。ただし，現金収入だけに頼らない混合経済として，伝統的な狩猟採集も活発に行っている。狩猟採集によって手に入れたものは，お金を用いず，贈与によって広くシェアする。日常的に動物を狩猟して肉を食料にしたり，皮をなめし生活や工芸品等に用い，毛皮を利用する。動物と人間には互酬的な関係があり，行為主体性をもった動物が，自らの肉を人間にプレゼントしようと考え人間の前に現れ，人間は動物の魂を丁寧に扱い再生する儀礼を行う。カスカの伝統的な世界観において，メディスン・アニマルは超自然的な力で狩猟や治療，身の安全を保障するものとして働くのである。このような，カスカのフィールドで起こる事象を教室で再現する方法について，以下のように考えたい。

■ 2-2　パフォーマンス

人類学のフィールドワークでは，現地の人と同じ飲食物を味わい，儀礼で使われる音や匂いに感覚を研ぎ澄ませることが行われる（富沢 2011: 111）。これらは，別の文化に属する人間の「肌の裏側に入り込む」（ターナー 1981: 61）ような行為であり，実に演劇的である。そして人類学者は，五感をフル活用して得られた知見を，客観的に分析し，理論化し，時に抽象化し名前を付与する。例えばカスカの民族誌なら，アニミズム，互酬的交換などである。その仕事のおかげで民族誌の読者は，当該社会への理解を飛躍的に深める。一方で，現地の人々は，自明であるものに名前をつけることは無い。その自明性は彼らの一部なのである。この「自分の一部である」感覚を，人類学者はフィールドで体現しているのではないだろうか。本章の実験では，専門用語を使わずに，日常の言葉で「異なる自明性」を再現し，学習者がフィールドワーカーのように他者の肌の裏側に入り込むことを支援したい。「ある状況設定のなかで，自分ではないが自分でもある者が何を話すのかどう動くのか体験する」（飯塚 2019: 70）というロールプレイのように，学習者はカスカ役になってみるのである。

パフォーマンスは，行為や儀礼など行動の再現であり，自己が社会の中で他者に囲まれた存在として，あるいは自己を超越して他者になることで，役を演じるものである（シェクナー 1998:16）。V. ターナーはアフリカのンデンブの民族誌の再演を学生らと繰り返し行ったが，ンデンブの生活を喚起するような模倣に創造性をもたせていった。オリジナルとは異なるものへと変化する模倣の連鎖を，ターナーはパフォーマンスとよぶ（慶田 2005: 208）。すなわち，パフォーマンスは模倣がつくりだす「新しい経験」なのである（慶田 2005: 208）。自分とは縁遠いと思える他者の模倣が，今ここに生きる自らの主観性に接続され，何かをもたらし，自らを変容させ，その知を更新する。パフォーマンスは行動そのものであり，新しい解釈を生み，新しい歴史のはじまりとなる創造性の核を備えている（シェクナー 1998: 19）。本実践では，ターナーらのパフォーマンスの考え方を基盤とする演劇手法を用いていきたい。

■ 2-3　人と人の相互作用

どのような人に出会い，どう話すかによって，フィールドワークの方向性は変わっていく。フィールドワーカーがフィールドで見いだすのは，ある一つの実在的真理というより，人々との相互関係のなかで構成される知である。インタビューで得られる「事実」は，聴き手と話し手の対話による現実の「共創」であると今では考えられている（菅 2015: 190）。社会的行為の意味は相互行為のなかで提案，交渉，構成される（高田 2019: 19）。現実が人と人の相互作用で構成されていくフィールドでのプロセスを，教室においても再現したい。先に述べたように，教室では多くの場合，講師（教師）による，客観主義的知識観に基づく一方向の知識伝達が行われてきた。

そこで本章では「講義などの一方的な知識伝達のスタイルではなく，参加者が自ら参加・体験して協働で何かを学びあったり創り出したりする学びと創造のスタイル」（中野 2001: 11）であるワークショップの様式を実践の基盤に置くことにしたい。ワークショップでは，講師はファシリテーターとなり，学習者と水平な存在として，参加者全体の学びを促進する。主役は学習者であり「知の権力者」は不在になる。すなわち人類学者もファシリテーターを務めることになる。

以上の検討から，学びの場を以下のように創りたい。教室をフィールドに見立て，身体感覚が働く場として機能させる。カスカの基本情報の解説は日常の言葉で行い，写真，動画，モノ，飲食物，音，匂いなどの「非言語的な手掛かり」を配置する。文化人類学者もファシリテーターとなり，他のファシリテーターと協働し，生業，儀礼などの営みを学習者とともに演劇的手法を用いて行う。学習者の対話や相互行為を触発し，さまざまな想定のもとで動き考える場をつくる。

次節では，2018 年 11 月 3 日（日）午前・午後の 2 回，初等教育課程の児童と保護者を公募し京都大学東南アジア地域研究研究所セミナー室において実施した，先住民カスカを扱う 2 時間のワークショップ「動物と話す方法」の具体的な詳細について紹介していきたい[1)]。

1）2018 年度，マナラボはカナダに加えて，アフリカ中部盆地のバカ・ピグミー，アンデス先住民，モンゴル遊牧民，イスラーム社会という五つの地域のワークショップを「京都で世界を旅しよう！2018 地球たんけんたい⑦」として実施した。

3 ワークショップ「動物と話す方法」

■3-1　見取り図とイントロダクション

ワークショップの主催者は「マナラボ 環境と平和の学びデザイン」（以下マナラボ，http://manalabo.org/）という実践研究グループである[2]。カナダ先住民に学ぶワークショップは，2012年度から[3]筆者と山口未花子が協働して毎年改良を加えながら，継続的に実施してきた[4]。2018年度「動物と話す方法」ワークショップの見取り図は，図8-1のようになる。

イントロダクション後，学習者はカスカの村へ行く役割に入る「インロール」を行う。そして異文化の設定のなかさまざまなワークを行った後，役から降りる「アウトロール」を行う。プログラム全体として，学習者らが共通の現実を構成し，相互行為により新たな意味や考え方を構成することを目指していく。学習者らが四つのグループに分かれワークを行うため，4人のファシリテーターが参加した。

「場のデザイン」は重要であり，学びは学習環境デザインに大きく影響を受ける。まず学習者の身体感覚が働くよう，教室から机椅子を撤去した。壁面にはA2やA3サイズに引き伸ばしたカスカ村の風景や動物の写真を配置し，現地の様子の動画[5]はループ再生した。来場した参加者は靴を脱ぎ，カスカが狩猟採集時によく身につけるスカーフや帽子を道具立てとして身につけた。

ワークショップ開始の挨拶後は，冒頭から「今日は皆で“動物と話すカスカの村”へ行ってみるよ」と話し，演劇手法ですすめることを共有した。そしてスタッフ紹介，簡単なルール提示の後[6]，「アイスブレイク」[7]を行った。大きな世界地図を床に広げユーコン準州の位置を確認し，改めて壁写真の風景に注意を向けた[8]。

2）人類学者や地域研究者，ファシリテーター，パフォーマー，教育学者，教育者らが協働する実践研究グループである。実践研究参加者は随時募集中である。

3）2016年からファシリテーター川那辺香乃氏らに参画を依頼し，2018年度から演劇手法導入のため，演劇教育研究者の渡辺貴裕氏が主宰する「学びの空間研究会」等に参加し，演劇教育を行う現場の先生からも多くのアイデアを頂いた。本実践は共同研究者であるアフリカ研究者の園田浩司氏と田中文菜氏と共に実施した。

4）2012年度は最も初期の実践であり，四つのワークショップ事例がJCASコラボレーションシリーズ⑨『子どもたちは多様な地域に何を学ぶのか』（飯塚・王編 2015）に収録されている。〈http://www.jcas.jp/JCAS_collabo_9.pdf（最終確認日：2020年12月21日）〉

5）カスカが動物の皮をなめしたり，ドラムをたたき歌う様子の動画をループ再生した。

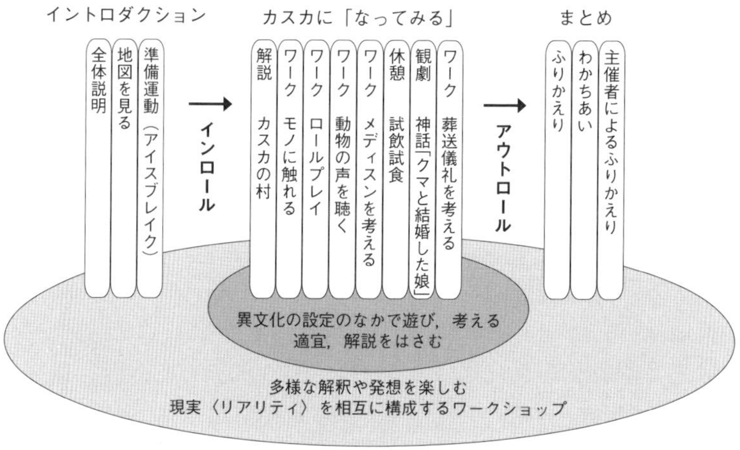

図 8-1　ワークショップ「動物と話す方法」のプログラム構成[9]

■3-2　カナダ先住民に「なってみる」

出発（インロール）

カスカの村への出発は，「30 数えて目を開けたらここはカスカ村」という見立てですすめられた。学習者は毛皮や骨などの民族誌資料に自由に触れながら，カスカについての簡単な説明を受けた[10]。そして山口は「カスカの人たちは森のなかで動物と一緒に暮らしています。同じ森にすむ動物は食べ物でもあり，助け合う仲間でもあり，時には人間を襲う怖い存在でもあります。それは同じ町に住む人がみんな仲良しではないけど，お互いを必要としているので何とかうまくやっていこうとするのに似ているかもしれません」と話した。

6）「いつもより少しチャレンジしよう」「わからないことは気軽に聞こう」「モノを大切にしよう」という 3 点について，フリップカードを示し話した。

7）「アイスブレイク」とは初対面の参加者の距離を縮め，身体を動かし，話しやすい関係性をつくるためのアクティビティである。ここでは「ヒト・イエ・マツリ」という「フルーツバスケット」に似た簡単な運動を行った。

8）北海道という学習者らに身近な事例と比較した。

9）本図は中野の図「フローラーニング（流れのある学習）/ 起承転結」を参照した（中野 2001: 145）。

10）角の重さからヘラジカの首の強さへの注意を喚起したり，ビーバーの毛皮の爪下の袋の用途を想像してもらうなどを行った。

動物のロールプレイ

動物と話すための一つ目の方法は動物の気持ちになってみることである。カスカは動物の気持ちをいつも考え，観察したり声に耳を澄ませる。そこで学習者らは「動物の気持ちになってみる」ロールプレイを行うことにした。学習者らは四つのグループに分かれ，1枚ずつ動物カードの配布を受けた[11]。カードに記された動物名と習性を参考に，その動物の「歩き方や鳴き方などを身体で表現し，食べ物を発見して食べ，たとえば強い動物が食べ物を横取りしようとやってくるなど，何か事件を発生させる」というロールプレイである。学習者らは，グループごとに5分ほど相談し練習し，皆の前でそれぞれの動物を演じ，他のグループが演じた動物をあてていった（図8-2）。

メディスン・アニマル

動物と話すための二つ目の方法は，自分を護ってくれるメディスン・アニマルをもつことである。メディスンとは薬や目に見えない力のようなもので，メディスン・アニマルはいろいろなことを教えてくれる自分と特別のつながりがある動物で

図8-2　動物になってみる学習者たち

11）クマ，キツネ，オオカミ，ワシ，カラスについて書かれたカードを用意した。

ある。そこで学習者らは，メディスン・アニマルに教えてもらうとどんな気持がするのか体験してみることにした。学習者らはグループごとに円型に座り，深呼吸し，目を閉じた。ファシリテーターらは部屋を暗くし，学習者一人ずつの耳元に動物が教えてくれそうなことを囁いた[12]（図 8-3）。その後学習者は，メディスン・アニマルは「ビジョン・クエスト」[13] など困難の末に入手されることを知り，さらにメディスン・アニマルの力を考えてみるワークを行った。学習者は 8 種類の動物カードから一つを選び，「その動物にはどんな力があり，どのように助けてくれると思うか」を考え記述した。

試飲と試食

その後，現地で採取された薬草茶を試飲し，ベリージャムを試食しながら，休憩をはさんだ（図 8-4）。

神話劇

動物と話す三つ目の方法を知る前に，カスカの神話『クマと結婚した娘』の朗読劇が行われた[14]。ファシリテーターらがクマや娘，その子どもや兄弟を演じた（図 8-5）。

葬送儀礼を創る

「結婚するくらい仲良しでも，人間は昔から動物に肉をもらって食べています。食べたクマに何かしてあげたいかを考えてください」とファシリテーターが学習者

---

12)「左の道をいくと，キイチゴがいっぱいなってるよ」「この木は固くてしっかりしてるからいい道具がつくれるよ」「右に曲がると大きなシカがいるよ」「嵐になるから早く家に帰った方がいいよ」などが囁かれた。

13) ビジョンクエストは主に男子の成人儀礼であり，深い森で数日間を一人で過ごし生死の境界のようなところでメディスン・アニマルに出会うという。

14) 山口未花子蒐集による神話であり，あらすじは「昔カスカの少女がベリーを摘むうち家族とはぐれてしまう。大きく美しい若者が現れ親切に誘ってくれたのでついていき，暮らしているうち，彼は外出時クマの毛皮をかぶることに気づく。彼はクマだった。少女は驚くがすでに子どもを身ごもっており，そのまま彼と暮らした。二人の子どもができ，冬になると皆で穴のなかで眠った。しかしある冬，クマは「おまえの兄弟が私を殺しに来る。おまえは彼らとともに帰りなさい」と言う。狩りをしながら少女を探している兄が現れ，クマを殺し，娘とその子どもたちを連れて帰る。子どもたちはクマのように狩猟がうまく，いつも家族に肉をもたらした」というお話である。

図 8-3　メディスン・アニマルのささやきを聴く

図 8-4　薬草茶を飲む

図 8-5 「クマと結婚した娘」の神話劇

に話した。ファシリテーターはグループごとに学習者のアイデアを書きとめ，劇に仕立てる手伝いを行った。学習者はモノを小道具として活用し，相談し練習した後，簡単な演劇を行った（図 8-6）。

カスカの葬送儀礼

すべての発表後，山口は「カスカの場合」の解説を行った。「動物を狩り，肉をもらって食べることで人間は動物の力をもらいます。でも動物の魂を，殺した後も大事に扱ってあげないといけません。カスカはヘラジカの首の気管に魂が宿っていると考え，殺したら気管を取り出し木の枝にかけます。風がふいたら気管にも通り，風に乗って魂が森に還ることができるのです。魂が森に還れば，また動物は肉や皮を身につけ，みんなの前に現れてくれる，とカスカは考えます」と話し，動物と話す三つ目の方法は魂を大事にすることだと締めくくった。

ふりかえり（アウトロール）

学習者が考えを言語化する機会は 3 回設けた。休憩後学習者に付箋を複数枚配布し「カスカにとって動物はどんな相手か」「自分にとって動物はどんな相手か」「同じところはあるか」を記述してもらった。付箋を模造紙に貼り，他の学習者の考え

図 8-6　動物の葬送儀礼を考える

が一覧できる方法である。終了時にはシートを配布し「カスカの人たちの考え方や暮らし方について思ったこと」を記してもらった。さらに自宅で振り返るためのアンケートを配布し返送を依頼した[15)]。

4　学びの分析

■ 4-1　葬送儀礼をつくる対話

このワークショップには，午前と午後をあわせて 27 名の児童と 19 名の保護者，計 46 名が参加した[16)]。ここでは午前の部に参加した公立小学校 4 年生のリョウ

15)「心に残っていることがあれば教えてください」「もし動物をみる目がこんなふうに少し変わったよ，というようなことがあったら教えてください」「何か感想があったら教えてください」とした。大人には子どもたちが話したことや気づいた様子があれば教えて下さいとも依頼した。

16) 午前の部は子ども 15 名，大人 11 名，スタッフ 7 名，午後の部は子ども 12 名，保護者 8 名，スタッフ 7 名が参加した。

（仮名）の動きや発言を取り上げ，当事者視点からその学びを確認していきたい[17]。

リョウは同じ小学校に通う同級生のイツキ（仮名 小学4年生）と共に，それぞれの保護者に伴われ来場した。動物になるロールプレイでグループに配布されたカードは「オオカミ」だった[18]。リョウは「先回りするオオカミ」を演じ，他の学習者と共に群れ，獲物に見立てたマスクラットの毛皮にとびかかり，食べ，遠吠えを行った。演技後は最前列へ移動し，メディスン・アニマルの説明を聴いていたが，グループに戻ると再び母親に「シャーッ」とオオカミの模倣を行った。メディスン・アニマルのささやきを聴いた後は，真剣な表情で何が聴こえたかをグループで話し合った。そして「持ちたいメディスン・アニマル」も，8種類からオオカミのカードを選び，その力について「狩りでとった獲物を分けてくれたり，獲物の取り方を教えてくれる」と記述した。

休憩時に，薬草茶とジャムつきクラッカーをゆっくりと食べた後，骨や毛皮が置かれたコーナーへ行き，ヘラジカの重い角を持ち上げ，グループに持ち帰り，撫で，形状を確かめ，母親に写真を撮ってもらった。付箋の記入後は，イツキと交互にヤマネコの毛皮を身につけ遊び，また最前列に移動し正座して神話劇を見た。

「動物を殺して食べた後，何をしてあげるか」という葬送劇の相談は5分程行われたが，以下に対話の抜粋を書き起こす。メンバーは以下の通り，子ども3名，大人3名（但しリョウたちの保護者ではない）である。

リョウ（仮名，小学4年），イツキ（仮名，小学4年），エイタ（仮名，小学3年），山口，大人D，大人E，大人F[19]

リョウたちは車座に座り，ヘラジカを「食べてお腹がいっぱいになった」想定をする。リョウは「あ，あと葬式をする」と提案するが，イツキは「毎日毎日葬式してたら，超めんどくさいやんか」と頑として反対する。山口は，ヘラジカは巨大で

17）参加者には，ワークショップの様子の撮影やアンケートの記述などを報告書や論文に掲載する可能性があることについて，予め了承を得ている。

18）カードの記載は「オスとメスのペアを中心に，4頭から8頭くらいのむれをつくってくらす。シカ，イノシシ，ヤギ，ネズミなどの動物を食べる。先回りするなど，グループで協力して狩りをする。遠吠えで，群れの仲間との連絡を行ったりする。体は25kg～50kgくらい」（ふりがな省略）であった。

19）会話のスクリプトは園田浩司（京都大学アフリカ地域研究資料センター）の協力により作成した。

肉がたっぷりとれるため，毎日の葬式は不要と示唆するが，イツキの意見は変わらない。山口は「めんどくさい」理由として塾などの日々の忙しさに疲弊している様子が垣間見られたため，時代や文化によってはよりよく生きていくために受験勉強より狩猟採集の方が役に立つこともあり，学校での勉強とは異なる学びもあることを伝えようとした[20]。

イツキ：そんな，毎日毎日葬式してさー…
山口　：ふふ（顔の前で否定するように手を振る）。
イツキ：おお？↗
山口　：だってほら，カスカの人たちはさ，…動物を食べればいいから，動物を獲って食べる勉強はするかもしれないけど，…特に，ねえ。
イツキ：いいじゃーん（拍手）
全員　：（爆笑）
イツキ：そうしようー

イツキは勉強という前提が外され俄然このワークに積極的になる。イツキの承諾と参加を得て，メンバーは葬式の内容について考え始める。

リョウ：クマの子どもやったらさ，葬式してあげる
山口　：お葬式，どんなお葬式してあげる？
エイタ：（両手で何かを合わせ打ち鳴らすしぐさ）
リョウ：骨をかざる
山口　：骨かざって（メモをとる）
イツキ：（リョウに）骨も食うねんでいちおう
リョウ：（山口に）食うの？
エイタ：はは
山口　：どうやって食べるん骨？
イツキ：えっ普通になんかパって（両手で割るしぐさ）
山口　：バリバリって？（口に運ぶしぐさ）
エイタ：カシュッ（片手で骨を持ちかぶりつくしぐさ）

20）会話を書き起こすなかで，山口に確認を行った。

イツキ：(うなづく)
山口　：あの（後方の本物の角を指し）角みたいな太いやつも？
エイタ：カシュッ

「骨をかざる」という提案に対し，イツキは「骨も食べる」という。エイタは驚いたものの,「カシュッ，カシュッ」という擬音とかぶりつく動作によって同意を表現し，行為を「実現」していく。その後，考え直したイツキは太い骨は焼くという提案を行う。

イツキ：(うなづく）人間死んだら焼く，だから
エイタ：ピシピシピシ（両手で何かを打ち合わせる)，フウーっ（煙のようなものが上がるしぐさ)
イツキ：(エイタをちらっと見る）カチッカチッ（拍子木のようなものを打ち合わすしぐさ)
エイタ：カスッ，ボウ（石のようなものを打ち合わせ，何かが持ち上がるしぐさ。(イツキをちらっと見る)
山口　：(エイタに）どうどう，どう？
大人D：(エイタに）ねえ，どうする（の)
山口　：なんかある？　なんかしてあげたいこと？
エイタ：(うなづく，首を振る)
リョウ：やよい（人みたいに）がーーって（細いキリ状のものを両手ではさみこすりあわせ，両手で炎が出てるようなしぐさ)
イツキ：あんなん無理やて（キリで火をおこすしぐさ)
リョウ：(イツキの顔を見る）こうやって（キリで火をおこし，息をふき，大きな火がおこるしぐさ)
イツキ：無理やって…
リョウ：(大きな火がおこるしぐさ)
イツキ：100 分くらいやってもな
リョウ：焼くって言ったやん（イツキの肩に手をかけて軽くゆさぶる)
イツキ：マグマにつっこんだらいいやん（手をつっこむしぐさ)
リョウ：そんなん無い

イッキの「骨を焼く」提案に対して，エイタは「ピシピシピシ」と，再び行為と擬音によって同意を示し，「フウーっ」と煙をもちあげている。イッキも「カチッカチッ」と何かを打ち合わせるが，火を起こすのではなく「音を出している」ようである。そこでエイタは「火を起こす」のだと言わんばかりに「カスッ」と石のようなものを打ち合わせ，再度，煙があがるしぐさを繰り返す。

子どもたちの素早い現実構築のスピードについていけない大人たちは次々に説明を求めている。首を振り説明をしないエイタに代わり，リョウは，「やよい人みたいに」キリ状のものを使い大きな火を起こしてみせ「代弁」を行っている。

ところが，イッキは，そのような方法では火を起こすのは難しいと言い，火に息をさらに吹きかけ炎を大きくするリョウを否定する。そこで，リョウは「焼くって言ったやん」とイッキの肩に手をかけて，軽く揺さぶる。相互に同意が無ければ現実が構築され得ない。イッキは「マグマから火をとってくる」ことを提案するが，これにはリョウも同意できない。

子どもたちは骨を焼く「火のおこし方」でリアリティがつくれない。誰もマッチやライターを使おうとしない。火を起こせない三人は，骨を水に流す[21]という弔い方を思いつく。

イッキ：じゃあ川に流す

山口　：ああ，川に流す（メモを取る）

イッキ：えっと，とったものを川に流して，どっかでたまっていくから，それでどっかに着いたら，たまったところを

山口　：うん

リョウ：わざとたまるところつくったらいい（両腕で空間を作る）。たまに来ておがんだげる（拝むしぐさ）

水に流した「骨が溜まる」と聞いたリョウは，「人為的に溜まるところをつくる」というアイデアでその実現を助けている。そしてイッキの語尾を引き取るように「拝む」と提案する。この後，子どもたちは骨に10円玉やお餅を供えるようとするが，山口からカスカの村にお餅は無いだろうと言われる。そこで，子どもたちは動物の肉を供えることを考える[22]。

21）骨を水に流すことは，北米先住民クリンギットが実際に行う儀礼である。
22）動物の身体の一部を供えることは，カスカやクリンギットも行う儀礼である。

エイタ：半分肉を（置くしぐさ）
山口　：肉をお供えする？
エイタ：食べた肉を吐く（笑）
リョウ：食べてオエって（右手で嘔吐するしぐさ）
エイタ：オエ（両腕で嘔吐するしぐさ）
イツキ：ははは
エイタ：（嘔吐するしぐさ）
イツキ：なら食べて出た，うんこをお供えする（そなえるしぐさ）
全員　：（爆笑）
エイタ：（お供えするしぐさ）
イツキ：あ，それはうんこはお供えするって意味がわからんけど
山口ら：ははは
イツキ：食べさせて頂いたっていうシルシで（置くしぐさ）
山口　：ははは
大人D：なるほどね（うなづく）
リョウ：で毛皮とかも
イツキ：（リョウの手をつかむ）毛皮はさ，また服に使うねんで
リョウ：（目をかきながら）服に使うけど
イツキ：あ，その着終わった服を，なんかちょっと…

エイタが「半分」という通り，肉を「供える」ことと「食べる」ことは両立しない。そこで，エイタは食べた肉を吐くことを提案する。しばらく皆で肉を吐いていたが，イツキは「なら，食べて出たうんこをお供えする」ことを思いつく。そして自ら「意味わからんけど」とその行為が理解され難いだろうことを予測し，「食べさせて頂いたっていうシルシで（置く）」と改めて行為に意味づけを行った。イツキが冒頭で「骨も食べる」と言い張ったのも，動物の身体を利用しつくす主張だったとも考えられる。当初はその意味を説明できなかったが，他の学習者とリアリティを共有しあうなかで，その意味づけを言語化したように思われる。イツキはこの後，発表した即興的な劇の上演後，「ちゃんと食べさせて頂きましたっていうシルシでうんこを供える」と，観劇者全員に対して明確な説明を行っている。

■4-2　考え出された儀礼

学習者らが数分のうちに次々と案出したアイデアを整理してみよう。

・日本でも一般的である葬送のアイデア

骨を焼く，火を起こす，音を出す，煙を起こす，骨が溜まるところを祀る，拝む，お金や食べものを供えるなど，日常で見聞きした経験を参照したことが考えられる。

・日本では一般的ではないが，北米先住民のやり方に似た方法

骨を川に流す，身体の一部を供えるなどを発想している。

・独自の方法

吐くことや，ウンコを供えることは「食べることで動物のいのちに報いる」という考えと「供養する」ことを両立するものとして意味づけられた。

彼らの学びのプロセスからは，「教室性」を外す二つの可能性が見える。まず，発想を無意識的に制約している規範から自由になる可能性である。冒頭でイツキは「勉強や宿題」に気を取られ，動物の葬送について発想することを拒否していた。教室性は学習者の自由な発想を妨げる要因として働いていた。しかしイツキは「宿題などの制約がないというカスカの世界」の中で，次々とアイデアを出すモードに入っていった。学習者が「カスカの世界」の中で考え動いていたことは，全員がマッチやライターを使用しないで火を起こそうとしたことからも窺える。このように「動物と話す人々」の世界が具体的な仮想空間として共創され得たのは，第2章第3節で提示した場の見立てやモノや飲食物などと共に，人類学者による揺らぎない語りも大きな要因だと思われる。

そこから展開する二つ目の可能性は，今回のように狩猟採集社会を仮想空間として設定すれば，学習者は「自然環境のただなかで動物のいのちを獲ることで生きる」という，人間が辿ってきた切実な経験を，内発的に体験することができるという可能性である。子どもたちは「骨を流す」ことや「動物の身体を供える」という北米先住民が行う儀礼を軽々と，教えられることなく発想し，模倣ではない動物葬送を案出している。今日，プログラミングが早期から導入されるなど，デジタル化への変貌が急速である教育の状況のなかで，人間と自然環境，人間と動物の関係といった根底的な学びが空洞化する懸念は深まっている。人間が辿ってきた認知や思考を，主体的・対話的に深く学ぶ実践が，人類学を応用することで可能になるように思わ

れるのである[23]。

■4-3　学習者による記述

ワークショップ後，リョウは「カスカの人の考え方や暮らし方」について以下のように記している。

ぼくたちの暮らし方とはすべて違うと思う。特に動物に対する考え方が全く異なっていた。このような人々は他にもいるのか疑問に思った。自然がいっぱいのところで暮らすのは楽しそうだと思った。

「すべて違う」「全く異なる」と，文化の根底的な異なりが強く意識されている。そして「このような人々は他にもいるのか」と異なる世界への興味の広がりや，「楽しそう」だという他者への共感や尊重の気持ちも述べられた。さらに印象に残ったことを以下のように記している。

カスカの人たちは 10 才くらいの子どもを 1 人，森に置き去りにして，自分の守護動物を決めさせるということ。自分がカスカの人だったら怖しくてたまらないと思いながら，話を聞いていました。

リョウはビジョン・クエストについて，自分には無関係という受けとめではなく，自分の身に置き換える想像や臨場感を伴いつつ捉えたようである。さらに，動物をみる目の変化について以下のように記している。

動物どうしが食べあうから，人間も同じで動物を食べるという考え方になった。この考え方は少しカスカの人たちと同じようなところがある。ところで，人間がペットにして動物を売るのはこの考え方になってから変だと思うようになった。

23）自ら動物の葬送を考えた後，カスカの儀礼を学んだ学習者は「カスカの人たちは動物が生き返ると考えているけど，私はお祈りや感謝の気持ちを伝えればいいと思っていた」（小 2）など，考案した儀礼とカスカの儀礼を比較し，カスカへの理解を深めている様子も見られた。

リョウは動物になるロールプレイで，オオカミになり，ハイエナと闘い，マスクラットを食べるという「動物どうしが食べあう」ことを行った。それだけではなく，カスカの生き方をなぞり，人間が「動物を食べる」ことを捉え直す機会をもった。そして動物葬送の行為を共同で行うことで「動物の命や魂」について感じるところがあったかもしれない。このような一連のプロセスのなかで，「人間が動物を食べることは，動物と何も変わらない」という，動物への同類共感ともいえる考え方がリョウに生まれたと考えられる。

そしてリョウはこのような考え方は，「少しカスカの人たちと同じようなところ」があると主張している。リョウは，カスカの考え方を一方向的に受容したのではない。自らに内発的に生まれた考え方がカスカに似ているのだ，と明言している。模倣からの主客の逆転が起こったのである。

またリョウは「人間がペットにして動物を売るのはこの考え方になってから変だと思うようになった」という。動物への同類共感という新たな視点が，ワークショップから離れた社会の出来事をみる時に，生かされている。カナダ先住民カスカを知ることが，ある一人の子どもが日常のなかで出会うものごとの意味を変えているのである[24)]。最後にリョウは以下のように記している。

> カスカの人は一言で「過ごし方（生活）がぼくたちと全く違う」としか言いようがないような自然を活かした生活をしていた。けれど，ブラジルの民族とかの人みたいな感じでもなかった。

ブラジルの民族について，リョウはTVなどで見聞きしたのだろうか。言葉にすれば同じ「自然を活かした生活」の質的な異なりが言及されている。

さてその後，2020年12月，6年生になったリョウと筆者は2年ぶりに電話で話すことができた。カスカのことを思い出すことがあるかと問うと，リョウは，テレビ

24）大人からは，「子どもに新しい発想や着眼点を与えることが出来る」「大人は大人なりに，子どもは子どもなりに未知の世界を知ること，知識を得ることで自身の世界が広がる」など，異なる考え方に触れる効果への評価が多く寄せられた。また「外国の森の中での暮らしを日本にいながら体験できるような生き生きしたワークショップだった」「今の学校教育では学べない体験学習だった。こういうワークショップからさらに興味や学習的項目を深めていくことが学校でもあっ（てほしい）」など，子どもが主体的に学んだ様子を捉えた感想が多くみられた。

で動物の番組を見ると，カスカの「凄さ」について思いだすことがあると述べた。「何が凄いのか」と問うと，「人間同士だとお話できるけれど，カスカは，人間が動物として動物にかかわっている。人間と動物の境目というか，種が違うのに，動物として関わっていて凄いと思う」と述べた。カスカはブラジルの人とも違う，と感想を書いてくれたけれどどういう意味だったのか，と問うと，リョウは，「カスカの凄さと関係するのだけれど，ブラジルの人は動物と会う機会が多いというだけかもしれないが，カスカは日常生活全体が生態系」なのが違うと述べた。学校の授業とカスカのワークショップは何か違ったか，と尋ねるとリョウは「学校の授業では，教科書の写真を見るとか，ナマミの体験が少ない。カスカの授業では骨とかに触り，実際に感じたというのがあったから記憶に残っていると思う」と述べた。

2年を経ても，リョウはワークショップで感じ取った観念を身体のなかに残しているように思われた。細部は忘れ去っているだろうが，カスカを知ることで見えた世界の感覚や観念は保持されていた。

5 まとめ

「教室もフィールドになりうる」ことが，本章の提案であった。もちろん，如何に多くの民族誌資料を持ち込んだ教室でも，カスカのフィールドと同じになるわけはない。短時間に伝達された情報は民族誌の「分厚い記述」のごく一部である。実際の現地に滞在する本来的なフィールドワークと同じ土俵に上げることはできない。しかし本章のような形式だからこそ，可能になることがあるようにも思われる。

まず，フィールドの再現という企てには，教室から教室性を外す働きがあった。教室に具体的な仮想空間が立ち上がることにより，学習者は無意識的な制約や規範を脱し，自由に発想する様子を見せた。また特に狩猟採集社会を舞台とする本稿では，人間が辿ってきた切実な経験を，学習者が内発的に体験する可能性も示唆された。

そこからどのような「自己変容」が起こったのだろうか。動物への同類共感という認識を得て，教室から離れた生活世界での動物の見方も変わったと明確に述べる小学4年生の事例は，前節で紹介した通りである。教室で再現したフィールドは，「模倣」であり「偽物」である。しかしこの4年生の学習者は，自らが得た新たな見方が，「カスカの人に似ている」と主張した。彼が生み出した認識の方が，彼の「真正」だったのである。民族誌的事実の「真正」さを堅持し教えるスタイルのなかでは，学習者の内発性や創造性が滑り込む余地はなくなるだろう。しかし「模倣」により学習者は新しい彼自身の経験を創り，今ここに生きる主観性に接続した。本章における学習者の「自己変容」は，そのようなプロセスを経たものだったと思われる。

このプログラムで紹介する事柄のひとつ一つは民族誌的な事実に基づいていても，2時間のプログラム全体は，演劇的な場のなかで，シンボリックな物語の様相を帯びていた。その場のなかで，小学2年生や大人など，それぞれによる相対化や変容が認められた。さまざまな発達段階にある学習者の主観性にアプローチがなされたのは，テキストで固定された「一つの理解」を求めるのではなく，多様な解釈を許容するパフォーマンスや物語の力によるように思われる。

また「カスカの民族誌」だけではなく，一つの教室は「多様なフィールド」に変換できる。筆者たちの研究実践グループでは，複数の文化人類学者や地域研究者と協働し，それぞれの物語を語るプログラムを開発している。多様なフィールドに学ぶ今日的な意味を子ども達自身が見出し，いつか大きな物語が生まれることは可能だろうか。

人類学と教育が接続することで，豊かな多様性を担保する場が，より広く次世代や社会に開かれる。先住民や狩猟採集民といった自らと遠いと思われる他者を見て，内なる何かを拓き信じる経験が起こる。それは，遠い地域で起こっていることへの深い当事者性を育む基盤になるとも思われるのである。

謝　辞

山口未花子氏，園田浩司氏，田中文菜氏，大石高典氏，川那辺香乃氏，「学びの空間研究会」の渡辺貴裕氏，藤原由香里氏と先生方，島村一平氏，大学連携環境学習実施事業の委託を受けた京都府，日本学術振興会科学研究費補助金（一般）基盤（C）「持続可能性を基軸とした異生態系比較による「地域の知」モジュール化と公教育への応用」（代表 飯塚宜子），京都大学東南アジア地域研究研究所共同利用・共同研究東南アジア研究の国際共同研究拠点（IPCR）「パフォーマンス・エスノグラフィーを応用した地域研究方法論の共同研究」（代表 飯塚宜子）の助成，京都市教育委員会の後援，京都大学東南アジア地域研究研究所と国立民族学博物館の協力に御礼を申し上げます。

参考文献

McCellan, C.（1987）. *Part of the Land, Part of the Water: A History of the Yukon Indians.* Douglas & McIntyre.

飯塚宜子・王　柳蘭［編］（2015）.『子どもたちは多様な地域に何を学ぶのか――感じ方の育みと総合的理解の視点』地域研究コンソーシアム, 京都大学地域研究統合情報センター，NPO 法人平和環境もやいネット
飯塚宜子（2015）.「北米先住民タク・リバー・クリンギット族の土地に根ざす教育」『同志社政策科学研究』*16*(2): 91–101.
飯塚宜子（2019）.「ロールプレイ」鈴木康久・嘉村賢州・谷口知弘［編］『はじめてのファシリテーション――実践者が語る手法と事例』昭和堂，pp.70–71.
慶田勝彦（2005）.「民族誌を再演する――ターナーとパフォーマンス」太田好信・浜本満［編］『メイキング文化人類学』世界思想社，pp.189–213.
シェクナー, R.／高橋雄一郎［訳］（1998）.『パフォーマンス研究――演劇と文化人類学の出会うところ』人文書院
菅　豊（2015）.「フィールドワークから現実ができる」床呂郁哉［編］『人はなぜフィールドへ行くのか――フィールドワークへの誘い』東京外国語大学出版会，pp.188–207.
ターナー, V.／大橋洋一［訳］（1981）.「パフォーマンスとしての人類学」『現代思想』*11*: 60–81.
高田　明（2019）.『相互行為の人類学――「心」と「文化」が出会う場所』新曜社
高尾　隆（2017）.「インプロヴィゼーションと学びの関係デザイン」川島裕子［編］『〈教師〉になる劇場――演劇的手法による学びとコミュニケーションのデザイン』フィルムアート社，pp.133–156.
中央教育審議会（2016）.「幼稚園，小学校，中学校，高等学校および特別支援学校の学習指導要領等の改善および必要な方策等について」（答申）（中教審第 197 号）
富沢寿勇（2011）.「データのとり方 1　聞き取りをする」鏡味治也・関根康正・橋本和也・森山　工［編］／日本文化人類学会［監修］『フィールドワーカーズ・ハンドブック』世界思想社，pp.109–123.
中野民夫（2001）.『ワークショップ――新しい学びと創造の場』岩波書店
山口未花子（2011）.「ビーバーの尻尾とヘラジカの鼻――カナダ先住民カスカによる自然資源の利用と文化の伝承」『アジア遊学』*139*: 192–201.
山口未花子（2012）.「動物と話す人々」奥野克己・山口未花子・近藤祉秋［共編］『人と動物の人類学』春風社，pp.3–28.
山口未花子（2014）.『ヘラジカの贈り物――北方狩猟民カスカと動物の自然誌』春風社
横田雅弘（2014）.「「教室性」はいかに解体されたか――異文化間教育からのコメント」渡部　淳・獲得型教育研究会［編］『教育におけるドラマ技法の探求――「学びの体系化」に向けて』明石書店，pp.97–108.

column　⑥ SFL の学習評価は可能か？

海外体験学習に関わる多くの教員は，学習成果を測るためにルーブリックを作成する。ルーブリックとは「学習目標との関係において求められる達成事項の質的な内容を文章表現したもので学習の達成状況レベルを評価する時，使用される評価基準」である（辰野ほか 2006: 174）。

海外体験学習の領域では，国際理解教育を専門とする藤原孝章が自身のタイにおけるスタディツアーのプログラムを事例にルーブリックを作成している（藤原 2017）。このルーブリックはグローバル・シチズンシップの育成という観点から，参画性，状況性，関係性，連結性という四つの軸を設定し，その軸にしたがって学生が渡航を経て，どの程度，学びを深めたのかを可視化できるように作られている。

ルーブリックは学習目標について教員と学生のあいだで共通理解を生み出し，プログラムを終えた後に，学生自身が自分の学びの達成度をふりかえるために使われる。つまり，ルーブリックを使用することで，教員は海外研修プログラムの目的や伸長してもらいた能力が何かを学生に明確に伝えられるうえ，学生のメタ認知能力を向上させることができる。同時に，このように評価基準を明示することによって，学内の教員や事務職員にカリキュラム・ポリシーやディプロマ・ポリシーとの整合性を理解してもらえるようになる。海外体験学習は教員の負担がかかるうえに，楽しい経験をするだけで何を具体的に学んだのかがわかりにくいと批判されることがある。このため，評価基準の明確化がとりわけ重要になる。

こうした海外体験学習におけるルーブリックの意義は，本書が提案する PBL／SFL にも応用可能である。そもそも PBL はプロジェクトの遂行を通して何らかの課題解決を目指していくことで，学生が学びの意欲や社会参画の意識を高めることが目指されている。そのなかで当該テーマを社会的文脈に埋め込んだり，偶発性に身を委ねたりしながら，自己省察をくりかえし，自分のものの見方を相対化していくことを目指すという SFL は，点数化しづらい多様な能力を伸長していくことになるため，ルーブリックが役に立つ。

とはいえ，ルーブリックを使用して自己変容の達成度を評価することは慎みたい。というのも，第 2 章で指摘したように，自己変容はあくまでフィールド経験の結果，学習者が偶発的に暗黙の前提に気づくことによって達成するものである。したがって，何らかの方法を駆使すれば，努力次第で誰でも自分の暗黙の前提に気づけるというものではない。それは，フィールドにおける偶然の出会いや気づき，教員のファシリテーションの仕方，学習者にとってのこれまでの人生経験や抱えている疑問などが結びつくことによって創発するものである。こういった特性をもつ自己変容は，プログラムの実施期間後に，事後的に達成することもある。期間内に変われなければ，学習として失敗だったとするわけにはいかない。

もっとも，正課外の学習プログラムにおいて，わざわざルーブリックを制作する必要はないだろう。このような指標はあくまで，学校教育という特定の制度のなかで求められるものである。また，フィールドにおける学びには多様なものがあり，学生が何を学ぶのかは自由であるため，ルーブリックによって目指すべき方向を規定し，学びの自由度を下げてしまうという問題がある。こうしたネガティブな側面もあることから，ルーブリックの構築を好まない教員も多い。だが，最初から否定するのではなく，試しにルーブリックを構築し，自分のプログラムにおいて学生は何をどの程度学べるのかを，一歩引いた眼で捉えてみるのもよいだろう。

（箕曲　在弘）

【参考文献】

辰野千壽・石田恒好・北尾倫彦（2006）．『教育評価事典』図書文化社

藤原孝章（2017）．「海外スタディツアーにおけるルーブリックの作成と活用」子島　進・藤原孝章［編］『大学における海外体験学習への挑戦』ナカニシヤ出版

おわりに

人間にとっての文化とは，魚にとっての水のようなものだ，といわれる。普段は意識することのない暗黙の了解事項であると同時に，生きる上で必要不可欠なものである，ということである。では，人類学者にとっての文化ないしは水とは何だろうか。

私たちは人類学者である。これはまずもって私たちが研究者であるということを意味する。大学院で専門教育を受け，学位を取得した職能集団である。フィールドワークをし，民族誌を書き，先行研究との対話から来るべき人類学を構想することを生業とする。一方，私たちは教育者でもある。教員として教壇に立ち，学生たちに専門知識を教授することで，来るべき未来の一助をなすことを生業とする。

だが人類学者であることは，白衣のように着脱可能なものではない。それは「学問」という領域を凌駕して普段の生活にまで浸透し，「わたし」という存在のあり方を強く，そして深く規定している。人類学とは，それ自体が人類学者にとっての文化であり水なのである。しかしだからこそふとした時に考えてしまう。人類学の面白さと醍醐味をきちんと学生たちに伝えることができているだろうか，と。

フィールドは面白い。いくら通い慣れたフィールドであろうと，そこには常に未知の世界が広がっている。未知であることが，「もっと知りたい」という無邪気な欲望を掻き立たせる。フィールドでは自分の常識が非常識であることを痛感することも少なくないが，時に苦痛を伴う経験を介して自己が破壊されることで，既存の認識枠組みが刷新され，新しい世界の見方が獲得されていく。研究者や教育者としてだけでなく，生活者としても人類学が血となり肉になっているという感覚は，そんなフィールドにおいてこそ培われてきた。他者を敬いつつも揺さぶられ，期待しつつも裏切られ，気づけば「自己」という存在そのものに懐疑の念を抱いてしまうフィールドに特有の「あの」感覚に誘われ，私たちは今，ここにいる。フィールドに学び，フィールドに生かされてきたのである。

しかしフィールドを介した学びをその鮮度を保ったまま学生に伝えることを，今の人類学教育はどれほど達成できているだろうか。教育現場ではフィールドで学ぶ機会が以前に比べ格段に増えたとはいえ，人類学的方法論や人類学的視点の学習に重点が置かれていることが依然として多い。もちろん，そのことに異論はない。しかし「人類学的」という言葉を，学問としての知識や方法論に対してだけでなく，自己の自明性を問い直し，他者の自明性を理解しようとする，外部へと開かれた知性や実践として捉え直すこともまた必要ではないか。本書はそうした問題意識から編まれた，フィールド教育に関する人類学者たちからの提案である。

＊＊＊

本書の発端となったのは，2017 年 12 月 2 日に明治学院大学白金キャンパスで開催された，「大学教育における海外体験学習研究会」（通称，JOELN）が主宰する研究会（「海外体験学習における教育の質の向上をめざして――学生が現地をより深く理解する手法」）だった。箕曲はJOELN の運営委員として，小西は全体会の一発表者として，二文字屋は一聴衆として，この研究会に参加した。

休み時間のことである。大学院の先輩―後輩の関係にある小西と二文字屋は，喫煙所で他愛のない話に花を咲かせていた。そしてこんな話をした。「人類学者こそフィールド教育にもっと積極的に関わるべきではないのか」。もちろん，研究会の議論を踏まえてのことである。するとすぐ側でタバコを吹かしていた男性が，「面白いですね，それ」と話しかけてきた。あれこれ話をしていると，「それ，本にしませんか」と提案してくれた。それが，ナカニシヤ出版の米谷龍幸さんだった。

2018 年 5 月 10 日，二文字屋の呼びかけに箕曲が応じ，編者三人で「打ち合わせ」と称した飲み会を新宿の居酒屋で行った。それぞれの教育現場の様子から大学における人類学教育のあり方まで，実に幅の広い話をしたと記憶している。その後，企画の方向性がある程度固まったのを機に，京都に拠点を置く米谷さんも加わって，アルコールなしの打ち合わせを重ねていった。そして喫煙所で始まった企画は，およそ三年の歳月を経てようやく世に出ることとなった。

新型コロナウイルス感染拡大の影響で刊行時期が大幅に遅れてしまったが，遅筆な編者たちがこうして出版までこぎつけることができたのも，編集を担当してくださった米谷さんのお力添えあってのことである。編者らの話し合いをすぐそばで暖かく見守ってくださっただけでなく，本書をより良くするためにいくつもの提案をしてくださった。また，打ち合わせの際には毎度のように京都北山に本店を構えるマールブランシェのお菓子をくださった。これが夜遅くまで帰らない編者たちに苛立つ家族の気持ちをどれほど和ませたことだろう。とくに「面白いですね，それ」という米谷さんの言葉には何度も救われた。漠然とした不安は自信へと変わり，本書を完成させるための気概が与えられた。末筆ながら，ここに深く感謝申し上げます。

編者を代表して
二文字屋　脩

事項索引

人名索引

執筆者紹介（執筆順，＊は編者）

箕曲 在弘（みのお ありひろ）＊
早稲田大学文学学術院准教授。東洋大学社会学部社会文化システム学科助教，専任講師，准教授を経て，2021年より現職。東洋大学在職中に海外研修科目「社会文化体験演習（キャリア分野）」を担当。2013年に授業内にSmile F LAOSという学生団体を立ち上げ，毎年20名程度の学部生をラオスの農村地域に引率し，フィールド教育を実施。
担当：第1章・第2章・第3章・コラム①・コラム②・コラム⑥

二文字屋 脩（にもんじや しゅう）＊
愛知淑徳大学交流文化学部准教授。京都文教大学総合社会学部特任実習職員（教務補佐），早稲田大学平山郁夫記念ボランティアセンター講師を経て，2021年より現職。前職にて「ボランティア×人類学」をテーマに，少数民族（タイ）とホームレス（日本）を対象としたボランティア活動とフィールド教育を実施。
担当：第1章・第2章・第5章・コラム④・コラム⑤・おわりに

小西 公大（こにし こうだい）＊
東京学芸大学教育学部准教授。東京外国語大学現代インド地域研究センター研究員を経て，2015年より現職。インターカレッジな教員・学生で構成される実践型研究プロジェクト「生活文化研究フォーラム佐渡」を2009年に立ち上げ，以来100名を超える学生たちとともにフィールド教育を実施。
担当：はじめに・第1章・第2章・第4章・コラム③

寺内 大左（てらうち だいすけ）
筑波大学人文社会系准教授。東洋大学社会学部社会文化システム学科助教を経て，2021年より現職。東洋大学在職中に海外研修科目「社会文化体験演習（国際理解分野）」を担当。毎年15～20名の学部生をインドネシアの農村地域に引率し，フィールド教育を実施。
担当：第6章

湖中 真哉（こなか しんや）
静岡県立大学国際関係学部教授，大学院国際関係学研究科研究科長。1994 年より静岡県内の地域社会およびケニア遊牧社会でフィールドワーク実習に従事。学生とケニア国内避難民支援活動を実施した活動で 2011 年度グローバル教育コンクール JICA 広尾センター所長賞を受賞。
担当：第 7 章

ジョナサン・ディハーン（Jonathan deHaan）
静岡県立大学国際関係学部准教授。ニューヨーク大学特別研究員等を経て，2009 年より現職。ゲームを通じて地域社会に根差した教授法，教育改革を探究。
担当：第 7 章

飯塚 宜子（いいづか のりこ）
京都大学東南アジア地域研究研究所研究員。二元論では説明し難い先住民社会のフィールドで出会う思考法などを次世代と共有しようと，マナラボ 環境と平和の学びデザインを立ち上げ，分野を超えた協働による実践と研究を実施。
担当：第 8 章

人類学者たちのフィールド教育

自己変容に向けた学びのデザイン

2021年 3月31日　初版第1刷発行
2022年 1月10日　初版第2刷発行

編　者　箕曲在弘
　　　　二文字屋脩
　　　　小西公大
発行者　中西　良
発行所　株式会社ナカニシヤ出版
〒606-8161　京都市左京区一乗寺木ノ本町15番地
Telephone　075-723-0111
Facsimile　075-723-0095
Website　http://www.nakanishiya.co.jp/
Email　iihon-ippai@nakanishiya.co.jp
郵便振替　01030-0-13128

印刷・製本＝ファインワークス／装幀＝白沢　正

ISBN978-4-7795-1481-4